母と娘。それでも生きることにした

黒川祥子

集英社インターナショナル

母と娘。それでも生きることにした

目次

「惇が嫌になるのもわかるわ」
〝ブラックな〟沙織さんからのＬＩＮＥ
「おばあちゃんちから、中学に通いたい」
「死にたい病」
実父の自殺
計画して死んだ父
いつ送ったか記憶にない
自閉症スペクトラム的な特性
誰がプリンを食べたのか？
「え？　これ、私が送ったんですか？」

第七章

殺しちゃう前に、死んでくれ　――夢

「ね、夢ちゃん、会いたいよね？」
「あんたが、不倫に気づいたから悪い」
私、別に死んでもいいかな
ママの面倒くささも、今の職には生きている

「ママ、人として、ダッサイことしてるよ」
お土産なんか、買ってこなければよかった
地震が来た時に、覆いかぶさってくれるのはママ

第八章 変わらずに、愛してくれるから

——夢

イラストレーション　辻恵
ブックデザイン　鈴木成一デザイン室

序章　里子村

民家の影すらない山道が延々と続いた果てに、突然、その集落は現れた。風景が反転し、まるで幻のように出現した光景に、瞬時に目が奪われた。

京都府京田辺市打田《うった》地区。

立派な日本家屋が街道沿いに連なる、風情ある佇まいが続く。この国に、まだこんな場所が残っていたなんて……。時が、昭和30年代に逆回しされたかのよう。目眩《めまい》を覚えるほど、目に入るもの全てが美しい。端正で格調高い、瓦屋根の伝統的建築の家々が京田辺市の最奥の地に、タイムカプセルで保存されていたように目の前にあった。

特徴的な屋根は、大阪河内地方や奈良県、京都南部に数多く建てられた「大和棟《やまとむね》」という建築様式だという。急勾配の茅葺き屋根の妻側に、それより一段低い勾配の緩い瓦葺き屋根をかけたもので、「うだつが上がっている」家の証らしい。

ではこの集落には、裕福な家が多いということなのだろうか。確かにどの家も重厚な造りで、屋根や塀、門に立派な趣向が凝らされていた。

かつて、「里子村」と呼ばれた場所があった。

京都には古くから、土地の風習として多数の里子が預けられていた村落があったと言われている。その一つが京都市北部の洛北の里子村であり、もう一つが京都府の南端、洛南地域にあった里子村だ。洛南に隣接する、奈良県北倭《きたやまと》村（現在の生駒市）周辺にも、主に大阪からの里子を預かる大規模な里子村が存在した。

なぜ、里子村なるものが生まれたのだろうか。子どもを里子に出す理由としては母乳不足、私生児、労働の足手纏《まと》いになるなどがある。一方、収入の少ない山村では、副業として里親を行なうことで養育費などの現金収入を得ることができるため、村の経済を維持するために必要だったという背景もある。都人の隠し子を預けるには、京からそう遠くない洛北も洛南も、ちょうどいい場所だった。

洛北の里子村は明治期以降、徐々に衰退し、洛北に代わって里子村の機能を担ったのが、洛南一帯の村落だ。

戦後、児童福祉法の制定により、全く新しい制度としての里親制度が作られ、里子村自体の意義が薄れていく。だが、そうした時代の流れにも関わらず、戦前と変わらずに、里子村が生きていた土地がある。

それが現在の京田辺市の南端にあたる地域で、昭和25年から約10年の間に、5つの集落で約88人の里子を預かり、特に最南端の打田地区では、里子を預からなかった家は一軒もないと言われるほど、里子村として栄えたという。

最後の里子

目指したのは、この打田地区にある、一つのお寺だった。

街道脇に車を止め、緩やかな勾配の石段を登れば、すぐ目の前に本堂、左手に鐘楼があるだけの小ぢんまりとした寺に着いた。山奥にあるとはいえ、建物は比較的新しく、ひっそりと端正な風情を漂わせていた。本堂の扉は固く閉まり、京都とはいえ観光とは無縁な、地域の菩提寺として住人から大切に守られている存在なのだと思われた。

境内入り口には、それなりの歴史を重ねたと思われる古い石塔があり、説明書きによれば、南北朝初期の戦乱で亡くなった人物を供養したものだというのだから、それだけの歴史を持つ古刹《こせつ》でもあった。

この寺が、彼女が生後間もない時に預けられ、小学校卒業まで暮らしたところだった。その時の面影があるのかないのか、少なくともこの石塔だけは、彼女が走り回っていた時と変わらずにここにあったのだと確認できた。

沙織さん、ようやく来たよ。ここ、なんだね。ここで、幼いあなたは毎日、つらい生活に耐えていたんだね。

滝川《たきかわ》沙織さん（仮名）、２０１３年出版した『誕生日を知らない女の子　虐待――その後の子どもたち』という本に登場する主人公の一人であり、その続編でもある本書では彼女を巡る物語が展開される。

沙織さんは前作の中でたった一人、大人になった元被虐待児だった。同書では里子である子どもたちそれぞれの物語を通し、虐待が子どもに与える深刻な後遺症を描くと共に、愛情深く育てられることによって、里親との間に信頼の絆が築かれ、その傷を少しずつ回復していくという〝希望〟が主旋律となっている。

沙織さんもまた、乳児の頃から里子として育ったが、その養育のありようは、同書に登場した他の４人の主人公たちとは完全に真逆と言っていいものだった。

この年53歳になった沙織さんは生後数か月で、父方の祖母によって、里子村にある、この寺に遺棄された。

初めて対面した12年前、沙織さんの口から、「里子村」という言葉を聞いた時、もちろん、そんな言葉を耳にするのは人生初で、半信半疑どころか、信じられないとしか思えなかった。戦前の話ではない。彼女は１９７１年生まれであり、昭和40年代にまさか、そんなことが行われていたとは、どうしても現実と結びつかなかった。

50年前とはいえ、すでに保護者が育てられない子どもは児童相談所に保護され、児童養護施設か養育里親に委託され、そこで養育されるという、社会的養護のシステムがとっくにできていた時代だ。

なのに、沙織さんは児童相談所どころか、「里子村」の存在を新聞記事で知ったという祖母により、3歳上の兄とともに、この寺の軒先に捨て置かれ、ここで大勢の里子と一緒に育つのだ。

沙織さんの幼少時の話を聞く限り、寺での生活は里子にとって極めて劣悪であり、ネグレクトや使役という、虐待的環境で育つことを強いられるものだった。

その場所に半世紀以上の時を経て今、私は立っていた。

それは、どうしても直接、聞いてみたかったからだ。

そもそもあたたかく保護されるべき里子たちへの理不尽としか思えない養育を今、寺の関係者はどう思っているのか。過去のこととはいえ、実際に行われていた事実を、沙織さんに代わって、せめて子孫である人物に問うてみたかった。

本堂の右手に、住職の住居と思われる建物があり、思いきって呼び鈴を押した。しかし、何度鳴らしても何の反応もない。留守だった。警戒されるのを恐れて、アポを取らなかったことを少し悔んだ。

何か手がかりをと思い、隣にある立派な門構えの家を訪ねた。70代と思われる女性が、訝しげに玄関から顔を出す。勇気を出して、とにかく聞いた。追い返されることを覚悟して。

「ここは昔、里子村だったのですか？」

すると女性はにっこり笑って、こっくりとうなづいた。あたたかな優しい笑顔に、ちょっと戸惑った。

「そうですよ。調べていらっしゃるのですか？　じゃあ、中にどうぞ。お父さーん、里子村のこと知りたいって、出版社の方が……」

まさかの展開だった。こちらは突然、現れた、見ず知らずの人間なのだ。あれよ、あれよという間に、私と編集者は立派な日本家屋の中に案内され、昔ながらの造りの重厚な座敷に座った。突然の闖入者《ちんにゅうしゃ》に座布団ばかりか、女性の夫である恰幅のいい男性がお茶まで出してくれる。

お茶の淹《い》れ方が、また独特だった。小さめの急須に茶葉を見たこともないほどたっぷり入れ、ポットに入った温《ぬる》めの湯で抽出するのだが、茶碗に注ぐのは1センチか2センチほど。こうやって何杯も淹れてくれる。グルタミン酸たっぷりの旨味ある、濃い味わいの実に美味しいお茶だった。あまりに独特な煎茶の嗜《たしな》みに驚きを隠せなかったのだが、後日、沙織さんにこの話をしたところ、それがこの地のお茶の淹れ方で、沙織さんにとってもこれが普通のことだった。

打田地区は京都府、大阪府、奈良県の3府県の境が一か所に集まる場所に近く、集落を貫く街道を100メートルほど進めば奈良県に入る。京都駅から南へ車で50分、公共交通なら近鉄線とバスを使って、1時間20分。最寄りのバス停からは約30分歩かなければ寺には辿り着けないのだが、そのバスも驚くほど本数が少ない。

男性は仏壇の写真を指差し、こう話した。

「うちのおばあさんも、里子を育てました。22歳の時から60年近く、育てたのは全部で28人です。私も、里子と一緒に育ちました。当時、打田地区90軒の約半分は、里子を預かっていたと思いますね」

里子と実子、その関係性はどうなのだろう。

「おばあさんは何の差別もなく育てましたけど、やっぱり、里子には引け目のようなものがあったのかなー。この辺は米が穫《と》れず、畑しかできなくて、あとは林業だけ。兼業の農家が多いのですが、養育費という現金収入はやっぱり、大きかったんだと思います」

女性が、古い新聞を広げてくれた。昭和48（1973）年11月27日付。見出しにはこうあった。

「里子村　愛は消えず　時流に戸惑う山里　田辺町打田」

記事によれば、打田地区の「里子村」の歴史は、奈良朝にまで遡る。朝鮮半島や中国からの帰化人が、日本女性との間に子どもをもうけたが、世間体をはばかり、奈良の都に近いこの山里に、育ての親を求めたという言い伝えがあるという。記事にはこうある。

「ただひたすら恵まれない子供たちを引き取り、育てた親たちの歴史は重く、尊いが、親子の絆だけが支えだった里子村も時代の流れの中に消えようとしている。その昔、90人近い里子をかかえた打田地区は、今わずか5人」

この5人の中に、沙織さんがいた。寺の住職夫妻は「いまもなお、2歳の子供から結婚話が持ち上がる里子まで4人を養育している」と記事にあるが、この2歳の子こそ、紛れもなく沙織さんだった。沙織さんはこの住職の妻である「おばあちゃん」に、主に養育された。

寺の隣人である夫妻に、沙織さんのことを聞いてみた。

「沙織ちゃん！　あら、沙織ちゃんを知っているんですか？　うちの娘と同級生で、いつも一緒に遊んでいましたよ」

女性の目が輝く。懐かしい記憶が甦ったかのように。男性も思いを馳せる。

「えらい、べっぴんさん、やったね」

「そうやね。べっぴんさん、やったわ。娘は今も沙織ちゃんとやりとりしているようやけど」

いた！　ここに、幼い頃の沙織さんをちゃんと知っている人たちが。そして、沙織さんを大事な子として、愛情を持って見守ってくれている人たちがちゃんといたのだ。胸の奥から込み上げてくるものを、どうやって抑えたらいいのだろう。そう、彼女は今も、べっぴんさんだ。すぐ隣に住んでいる沙織さんと同級生だった娘さんも駆けつけてくれて、しばし当時の思い出に話がはずんだ。

「隣の寺にはもう、当時を知っている人は誰もおりません。本堂も立て替えたし、当時とは全くの別ものです。当時の住職は京都府の里親会の会長をやってはって、立派な人やったんでしょうね。早うに亡くなって。倒れはって、そのままやったね」

「おばあさんも、それはしっかりした人やったね。何人、里子を育てたんやろ」

「まあ、うちのおばあさんの方が多いやろとは思うけど、十何人やろうね」

夫妻は、住職夫婦が里子にどんな扱いをしていたのかは、わかっていないようだった。自分たちの身内である実子と完全に区別し、里子だけを隙間風だらけの狭い部屋に寝かせ、朝早くから本堂の掃除をさせ、最低限の食事と衣類、寝具しか与えなかったというのに、外側には人格者と映っていたようだ。

「打田の里子は、沙織ちゃんで最後やったね。その後は、誰もおらんね」

それには理由がある。沙織さんは、予定外の里子だった。勝手に本堂に置いていかれたわけで、しょうがなく預かっただけだった。祖母は月7万円の養育費をお寺に払っていたと、沙織さんは聞いている。

記事によれば、里子村の記録は町史にも載っていないと言う。「日本一を誇った里子村・打田に、里親の記録はない」と。これは、秘すべき歴史なのか。

しかし、目の前の夫妻にそんな思いは一切ない。新聞記事には、男性の祖母のエピソードも書かれてあった。父となり、母となった里子が何人も、子どもを連れて会いに来たと。それだけ里子に愛情を注ぎ、育て上げた祖母の姿を知っているからこそ、2人には何一つ、後ろ暗い思いがないのだろう。

最初に会った時、沙織さんは「おばあちゃん」のことを話してくれた。

「つい最近、おばあちゃんが99歳で亡くなって、私、お葬式に行ったんです。でも、当時の里子は誰一人、来ていなくて。もしかしたら、ああ、そういうことなのかなーって」

生後数か月で実の祖母に寺に遺棄された乳飲み子は、「おばあちゃん」と「愛着関係」を結ぶしかない。「愛着」とは、子どもが養育者などに対して結ぶ心の絆のことで、乳幼児の心の発達のためにはこの「愛着」が欠かせない要素とされる。養育者との間に「愛着関係」ができた子どもは、心の中に安全基地を持つ。安全基地があるからこそ子どもは世界を広げることができ、人を信頼することができる。養育者の眼差しが、いつも子どもを守るというわけだ。

逆に虐待などで、養育者との間にうまく愛着が形成されなかったケースを「愛着障害」と言う。乳幼児期に愛着の基盤が作られなかった場合、自己肯定感が低くなり、他者を信じられない、衝動性を抑えられない、他者との距離感がわからないなど、さまざまな生きづらさを抱えることになる。悲しいことに、被虐待児の多くがこの「愛着障害」を抱えている。

子どもはどんな状況でも、保護者との間に信頼の絆とも言うべき「愛着関係」を結ぶものだ。たとえそれがマイナスの愛着であっても。「おばあちゃん」だけを頼りに生きるしかなかった沙織さん。しかし、「おばあちゃん」は、無私の愛情を持っていたわけではなかったのだ。

沙織さんは小学校卒業と同時に実父に引き取られ、里子村を出る。しかし、その先に待っていたのは、正真正銘の「地獄」だった。ひもじくても、寒くても、下着の替えすらなくても、ぶかぶかの靴しか履かせてもらえなくても、寺の生活の方がましだった。中学生の少女は京都に帰りたいと、心から願うこととなる。

12年後の母と娘

沙織さんは今、19歳の娘、夢《ゆめ》ちゃん（仮名）と、15歳の息子、海《かい》くん（仮名）と暮らしている。

2人には沙織さんからの遺伝で視覚障害があり、海くんは今、盲学校の中等部3年生だ。夢ちゃんは幼稚園に馴染めず、小学校、中学校もほぼ不登校で、通信制高校に入ったが、事情により退学。それからは、アルバイト中心の生活だ。何でも話せる友人もいるし、彼氏もいる。

12年前、沙織さんは初めて会った私を前に、母に育ててもらったことがない人間が「母」となり、育てにくい傾向を持つ夢ちゃんへの虐待が止まらない苦しさを、包み隠さず、赤裸々に語ってくれた。自分が実父から何をされたのかも、全て……。

その後、私たちは年の離れた姉妹のように、何とか機会を作って、会い続けてきた。

あれから一回りの年月が経ち、沙織さんだけでなく、成長した夢ちゃんも今回、自分の意志で取材に応じてくれた。夢ちゃんから語られたのは、沙織さんには複数の人格があり、いつどの人格が出てくるかわからないという、どこにも「安心」というものがない暮らしだった。

はっとした。なぜ私は12年前、沙織さんの「これまで」を聞いた時、そのことに気づかなかったのだろう。いや、もしかしたら……という思いは確かにあった。複数の人格がいてもおかしくないほどの体験を、沙織さんはしていたのだから。しかし、正直なところ、その時の予感は漠としたものでしかなかった。そんなことを感じさせないほど、当時の沙織さんの語りは整然としたものだった。

あれから12年、沙織さんは夫の不倫による離婚という苦しい経験を経て、過去のさまざまな虐待の後遺症に今も苦しみ、心身共に大きなダメージを抱えて、日々、生きている。

夢ちゃんはどうにかして、母親との関係を苦しくないものにしたいという葛藤を抱え、自立したいともがいている。

そんな母と娘のモノローグに、これからどうか、耳を傾けてほしい。どうやっても交わらない母と娘の眼差しと、それでも率直な関係の母と娘に変わりたいという痛切な思いと、そんな交錯するそれぞれの苦しみと願いを、あなたなりにただ、受け止めてほしい。

交わらない瞳のまま、生きざるを得ない母と娘はそう少なくはないはずだ。

現に、私もその娘の一人だった。なぜ、母は娘の瞳を正面から一度も覗こうとしなかったのだろう。逆に、自分の瞳の強さで、娘を照射し尽くさんとするかのようだった。焼き尽くされないためには、母から逃げるしかない。現に、私はそうして生き延びた。

しかし、沙織さんと夢ちゃんという母と娘は、また違う道を指し示してくれている。

虐待のすさまじい傷を抱える、誰にも育ててもらったことがない「母」と、瞬時に人格が入れ替わる母のもとで育った「娘」。2人が抱えるそれぞれの苦しみと、2人がそれぞれ模索するお互いの関係を、母として、娘として、2人は心の底から語ってくれた。それは、真っ赤な血が噴出しているかのような言葉だった。その血が滴《したた》る言葉を最初に沙織さんと会った時と同様、たじろぎながらも、何とか受け止めることができたのではないかと私は自負する。

2人がそれぞれ目指すものは、これまでの「毒母」を巡るストーリーとは一線を画す、新たな地平を見せてくれるものだと私は思う。その揺るぎなき予感に駆られ、2人の物語を私はこれから綴っていく。

第一章

お父さん、お母さんって、何？

——沙織

あの時に、死んでいればよかった。

これまで何度、そう思ったことでしょうか。0歳の時に私は家族に捨てられたのですが、その時の私はとても衰弱していて、「もう助からないだろう」と言われたそうです。なぜか奇跡的に命を取り止め、今、こうして生きているわけですが、その後に続く人生を振り返れば——それは今でもそうですが、あの時に死んでいればよかったのに……、と何度も、そう思うのです。

私の父という人は、母が私を身ごもったことも、生まれたことも知らなかったという男でした。父が私という娘の存在に気づいたのは、いつだったのでしょう。その時、何か、良心の呵《か》責《しゃく》でもあったのかといえば、あの男に限ってそんなことはないことを、私はよく知っています。

私には3歳上の兄がいます——それを知ったのは5歳ぐらいの時でしたが、「兄」という言葉が意味するものを本当に知ったのはずいぶん後になってからでした。兄は父と母が19歳か20

歳の頃に生まれた子で、そのために両親は結婚したと聞いています。今で言う、「でき婚」です。父は大学を中退したということですが、子どもを育てるために仕事に励んだのかといえば、そんなことはなかったようです。トラック運転手をしたとは聞きましたが、子どものために身を粉にするような義のある男ではなく、ほどなく母という妻がありながら、別の女性と同棲するようになったのです。

母は当時2歳の私の兄を連れて、浮気相手のところに乗り込んだこともあったようですが、それでも、父は母の元に帰ってくることはなかったそうです。もちろん、金を家に入れることもなかったわけで、その頃、母はどうやって乳飲み子だった兄と暮らしていたのかは、私にはわかりません。

そうであっても、2人の間に私ができたということは、夫婦仲はいっときであっても、回復したということですよね。しかし、母はどこかで父に見切りをつけていたのだと思います。私を産んでから、兄と生後間もない私を捨てて、身一つで出奔したのですから。だから、私は母の顔を知らない子どもとなりました。兄には、母の記憶はあったのでしょうか。抱いてもらった、母の温もりを兄は覚えているのでしょうか。今や兄とはほとんど音信不通状態で、聞くにも聞けない状況です。

幼い私たち兄妹《きょうだい》を引き取ったのは、父方の祖父母でした。現役の薬剤師でバリバリに仕事をしていた祖母にとって、私たち兄妹の存在は邪魔でしかなかったと思います。当時、父が22歳でしたから、祖母は40代後半ぐらい、働き盛りでした。少なくとも祖母は、母性というものがこの世にあるとしたら、そのようなものが著しく欠落していた女性だったようです。

「子どもなんて嫌いだから、育てられるわけがない」と、たまたま新聞で見た「里子村」のお寺に、私たち2人を連れて行って預かってもらうことにしたのです。まあ、体《てい》のいい厄介払いです。あの山奥まで3歳児と乳飲み子を抱いて行き着くとは、何というエネルギーだろうと改めて思います。ある意味、祖母は「割り切った」人間でした。孫の世話をたやすく放棄し、他人に任すことができてしまう人なのですから。

決して、経済的に子ども2人の養育が難しかったわけではありません。逆に、家はかなり裕福でした。祖父は警察官で部長職、運転手もついていたそうですから、かなりの高給取りに違いありませんし、祖母も薬剤師として、相応の給与を得ていたはずです。

中学生になった頃、私はこの祖母に会っています。見た目は、まるで男でした。服装も、行動も。祖母自身、2歳で実母が亡くなり、継母《ままはは》に育てられたと聞きましたが、その継母をとても嫌っていました。愛情をもらえなかったのか、つらい思いをしたのか、そこまでは話してくれなかったけれど。ある意味、祖母は逆境をバネに、自分の力だけで薬剤師にまでのし上がった女性でした。当時、女性を大学まで出せる経済力と先見の明が、実家にあったおかげももちろんあるでしょう。今にして思い返せば、スマートなおばあちゃんだったと思います。高齢になっても漢方の勉強をしていましたし、亡くなる直前まで働いていたわけですし……。

この祖母が幼い兄と生まれて数か月の私を連れて向かったのが、京都府南部にある奈良県との県境の集落、打田地区でした。この里子村と呼ばれる地域にある寺が目的地で、この寺に私達の養育を頼みました。寺には、のちに私が「おばあちゃん」と呼ぶ、住職の奥さんがすでに何人かの里子を育てており、そのことが新聞に載っていたのでしょう。でも、最初は断られたそうです。

「私はもう60歳だから、今から、子育ては無理です」

これは、紛れもない本心だったと思います。そこで私の祖母は、村を一軒一軒回って頼んだそうですが、結局、全部の家から断られたそうです。「うちには、生まれたばかりの同い年の子がおるから、無理やな」と断った家もありました。その家の同い年の子は、幼い時から小学校卒業まで、いつも一緒に遊んでいた幼なじみで、今も時々、連絡をとる仲のいい友達です。

村中の家から断られた祖母は仕方なく、最初に断られた寺に戻り、「おばあちゃん」がちょっと留守をした隙に、本堂に勝手に私達を置いて行ったのでした。よほど、孫から逃れたかったのでしょう。3歳の兄と生後間もない乳児を捨て置くことに、不憫《ふびん》さや、良心の呵責というものがカケラでも、祖母にはあったのでしょうか。そんなものは全くなかったと言えるでしょう。

寺の住職である「おじいちゃん」は、置いて行くところを見ていたそうですが、「ま、いいか」と見て見ぬふりを決め込みました。実際に、子どもの面倒を見るのは、おばあちゃんなのですから。お寺に帰ってきたおばあちゃんは私たちを見てびっくりして、「返しに行こう」と喚き散らすほど取り乱したらしいのですが、住職は里親会の偉い人だったから、「何人いても、別にいいだろう」と、体面を繕《つくろ》うことを優先したのかもしれません。私たち兄妹は、「しょうがなく」預かることにした、余計者の里子だったのです。

その時、私は生後4か月ぐらいだったそうです。お腹だけがボコッと出ていてガリガリに痩せていて、まるでテレビで観る難民の子のようになっていたと、おばあちゃんから何度も聞かされました。衰弱が激しくて病院に連れて行ったら、医者からこう言われたそうです。

「あっ、この子、もう、息が持たないね。ミルクも吐いてばかりやから、ちょっと厳しいね」

私は今、53歳ですが、20代で骨粗鬆症と診断され、その時に70代の骨だと言われました。他にもいろいろ身体に病気があるのも、多分、赤ちゃんの時に栄養失調で死にかけているからだと思うのです。目が悪いのも、未熟児網膜症という病名が後につきましたが、これも、死にかけていたことと関係があるのかもしれません。私の2人の子どもにも視覚障害が出たので調べたところ、私からの遺伝だと判明しました。子どもたちには本当に申し訳ないと、それは今も心から思っています。

ずっと震えていた

もうねー、すっごく、寒かった。

お寺には住職の実の子どもや孫もいたのですが、里子の私たちとは歴然と別待遇が取られていました。幼なすぎて記憶があいまいなのですが、里子たちだけ、6畳の部屋に最大で6~7人ぐらいが寝起きさせられていたと思います。もちろん、雑魚寝状態です。ガラス窓が割れたところにガムテープを貼っただけの部屋に押し込められているから、隙間風がすごくて、ずっと震えていました……。

布団も、汚い、薄っぺらい、せんべい布団で。子どもって、ちょっとしたことでよく吐くでしょ。それでも、布団は洗ってもらえないの。だから、布団が臭くても我慢して寝るの。おねしょをしても、自分で干すしかなくて、幼稚園の時だったと思いますけど、一人で本堂の縁側までえっちらおっちら布団を運んで、その日に乾かなくて湿気っていても、そのまま寝るしかないのです。布団は毎日、上げ下げしていて、時々、布団に挟まれてネズミが死んでいたりもしました。今でも思い出すんですけど、ワカメときゅうりの酢の物を布団で吐いて、その酸っぱい臭いがものすごく嫌で、それから、ワカメときゅうりの酢の物は食べられなくなりました。

里子だけ、毎朝、お寺の本堂から縁側まで雑巾掛けをしなければいけなくて、朝早く起きて、真冬でも冷たい水で、手がかじかんで震えながら雑巾掛けをするのです。もちろん、雑巾掛けは里子だけの仕事で、お寺の家の子どもは暖かい布団でぐっすり眠っています。

トイレは外にあって、穴を掘っただけのもので、ドアもなくて、逆側から見たら丸見えでした。便器もないので、もう、落っこちそうで怖くて……。大をする時は穴とは反対を向いてやるんですけど、落ちそうで怖いから、手前にウンコが落ちちゃうんです。排泄物が、穴まで落ちていかない。お寺の家族の人は家の中の水洗トイレを使っているって聞いたけど、それを見たこともなかった。お寺の人たちが暮らす場所には、入ったらダメって言われていたから。

実際に私の面倒を見てくれたのは、「おばあちゃん」ではなくて、里子の上のお兄ちゃんたちでした。多分、赤ちゃんの時からそうだったと思うので、お兄ちゃんたちは小学生とかで、赤ちゃんの面倒を見ていたのです。お兄ちゃんたちは中学を出ると近所で働いていたけど、ある日突然、村から蒸発していって、気がついたらみんないなくなっていました。

いつも空腹でどうしようもなくて、だからお店からくすねたり、友達の家から持ってきたり、ゴミ箱を漁《あさ》ったりするしかありませんでした。他に、どうしようもないから。お店で見つかって、「また、お寺のもらわれっ子か」って怒られて。だけど、どんなに「ください」ってお店の人にお願いしても、絶対に食べものはもらえませんでした。

パンツも小さい時から自分で洗うしかなくて、洗い方もよく知らないし、裏表にして両方穿くから、友達のお母さんに見つかって「そんな汚いパンツ、なんで、穿いてんのー! 穿き替えておいでー」って言われても、新しいパンツなんか、持っていないし……。お風呂は幼稚園ぐらいの時から一人で入っていて、だから、髪の洗い方もよくわからないわけです。右左と、半分ずつ洗っていたような記憶があります。お箸の持ち方を教えてもらったこともないし、歯磨きも教えてもらったことがないから、虫歯がすごい状態でした。

靴も買ってもらえなくて、でも小さくなって痛いから、おばあちゃんに言いました。そしたら、おばあちゃん、靴を買ってきてくれたんだけど、小2の時に24センチの靴を買ってきたんです。もう、ぶかぶかで、ティッシュを詰めても大きくて、それを小学6年まで履かなきゃならないと言われました。大きすぎるから、結局、小さい靴を履いていた。それで、親指のところに穴が開いて……。

そうだ、ある時、友達にこう聞かれました。

「さおりちゃんって、お父さんとお母さん、おらんの？」

お父さん、お母さんって、何？　私には、よくわかりませんでした。だって最初から、お父さんという人もお母さんという人もいなかったから。深く考えたこともなかったし、だから、おばあちゃんに聞いてみました。7歳ぐらいの時かな。

「おばあちゃん、私のお父さんとお母さんって、どうしたの？」

そしたら、「死んで、もういないよ」って言われて、「ああ、そうなんだ」って思いました。

「お兄ちゃん」という存在も何なのか、よくわかっていませんでした。仲のいい友達の家に男の子がいて、その子を「お兄ちゃん」って呼んでいて、お兄ちゃんという人がいるんだっていうのが、なんだか不思議でした。ところが、いつだったか、おばあちゃんに突然、言われました。

「あの子があなたのお兄ちゃんだから、お兄ちゃんって呼びなさい」

そこからは「お兄ちゃん」って呼ぶようになったのですが、「お兄ちゃん」とは呼ぶのですが、それがどういう意味なのかもわかっていませんでした。里子はみんな一緒に暮らしているから、「お兄ちゃん」と他の里子がどう違うのか考えたこともなかったし、何もわからないいま、それまで暮らしていたのです。突然、「お兄ちゃんと言え」と言われましたが、私はずっとこれまで通りに「かずちゃん」と呼んでいたように思います。

これが私にとっての「普通」の生活でした。

なぜか、幼い頃からずっと不眠でした。自分は何のために生きているんだろうって、小学校低学年の頃から思っていました。生きる意味がわからない。「生きるって、そんなに大事なことなの？」って、ずっと思っていました。

この人がお母さんになってくれたらいいな

一度、別の家に里子に出されたことがありました。お寺の息子さんが九州の五島列島まで送ってくれたのですが、そこは立派なブドウ農家で、夫婦に子どもができなかった家でした。その家のお父さんとお母さんは優しくて、何でも買ってくれたし、お姫様みたいなドレスも着せてくれました。でも、私はちっとも、その人たちに懐《なつ》きませんでした。

一人だけ、大好きになった人がいました。その家の親戚だったのかどうかはわかりませんが、きれいなお姉さんでした。私はこの人がお母さんになってくれたらいいなーって、心の中でお祈りしていました。手をつないだだけでドキドキして、私に笑ってくれるだけでとろけるような気持ちになりました。ある時、お姉さんのお腹が大きくなって、お腹に赤ちゃんがいることを教えられました。しばらく、お姉さんと会えなくなって、久しぶりに会った時には、お姉さんは赤ちゃんを胸に抱いていました。その時、その赤ちゃんに明確な殺意を持ったことを覚えています。赤ちゃんにお姉さんが取られてしまったことが悲しくて、悔しくて、だから「殺したい」と思ったのです。

お姉さん以外のことといえば、毎日、一人で遊んでいて、てんとう虫を捕まえて、潰して、おもちゃの冷蔵庫に入れていたことしか、覚えていません。お寺に帰りたいから、毎日、わざと、おねしょをして、それで養子は無理だとなって、お寺に帰ってきたのです。

なんで、でしょう？　お寺は寒いし、少ししかごはんはないし、朝早く起こされて掃除をしなきゃいけないのに、五島の家では大切にされたのに、なんで私はあんなにムキになって帰ってこようとしたのでしょう。あの時、「本当のお父さんとお母さんだよ」って言われたら、懐いていたのかなー。幼稚園に入れてくれて、友達ができたら、また変わっていたのかなー。やっぱり、あの時、あの家の里子になっていればよかったのかな……。時々そう思うことがあります。

里子の中に、学くんという悪いことばっかりする子がいました。車とかに落書きをするんですよ。釘で、ギーッて。それ、多分、私も一緒にやった気がします。車のボンネットに、ドラえもんを描いたことを覚えています。

学くんは悪いことばかりするし、何か悪さをすれば施設に送られてという、施設とお寺を行ったり来たりしていました。学くんの苗字は捨てられていた街道の名前で、「学」という名はたぶん、施設の人がつけたと聞きました。私にはまだ祖父母がいたけれど、学くんは最初から誰もいない子どもでした。学くんは本当に悪いことばっかりする子で、すぐ人のものを盗んでいました。友達の筆記用具とか、いろんなものを。でも、いつも里子同士、一緒にいる私も同じでした。学くんは私たちに悪いことを、とっても親切に教えてくれるんです。

小学校に、シルバニアファミリーのおもちゃを持ってきた子がいました。その時、私は「シルバニアファミリー」自体、名前もそうだし、何のことかわかりませんでした。でも、その見たこともないお人形たちは、ものすごく可愛くて、キラキラしていて、眩しいぐらいに輝いていました。その子は、その可愛い人形を給食の時に、ずらりと机に並べたんです。だから、私、そっと一つだけ盗みました。そしたら、その子がクラスの子一人一人に人形を持ってきて聞き始めたのです。「この子のお友達の、誰々ちゃんがいなくなったんですけど、知りませんか？」って。焦りましたけど、私は「知りません」と答えました。なんで、盗んだかって？どうしても、欲しかったから。

誕生日もクリスマスも、お寺では何もありませんでした。クリスマスの近くに友達の家に行ったら、ツリーが飾ってあってね。すごく、おっきなクリスマスツリーだったの。リースの飾りがすごく、綺麗だったー。こんな綺麗なもの、私、それまで一回も見たことがなくて、目が吸い寄せられて、こんな綺麗なもん、この世にあるんだーって。綺麗で、綺麗で、内緒でポケットに入れて持ってきました。だけど、お兄ちゃんの「かずちゃん」に見つかって、「返しに行こう」って。一緒に返しに行って謝ってくれたけど、本当は私、返したくなんかなかった。それから、私、クリスマスが嫌いになりました。

筆箱とかマスコットとか、学校の友達が普通に持っているものが全部、羨ましくて、くすねたことは何回もありました。空腹で食べものを万引きするのも普通のことでしたが、古いお寺の汚い布団の部屋には絶対にありえない、綺麗なキラキラしたものを見るだけで、衝動が湧いてきました。自分には絶対に買ってもらえない、望むべくもないものだとわかっているからこそ、自分のものにしたかった。

みんないなくなった

だけど振り返れば、その時までは私の人生はまだ、幸せだったのです。寒くてひもじくても、朝早く起きて雑巾掛けをやらされる毎日ではあっても、友達はいたし、学校は楽しい場所だったから。

運動会では徒競走の時に、一番、仲良しだった友達のお父さんが、「さおりー、がんばれー」って、おっきな声で応援してくれて、とってもうれしくなったのを覚えています。張り切って、走ったなー。青空がキラキラ、眩しかった。だけど、その後の借りもの競走では、そのお父さんと一緒に走りたかったのに、お父さんは娘と一緒に走るわけで、私は全然知らないおじさんと走ることになって、「あんた、誰？」って。悔しいのか悲しいのかわからないけど、一瞬、うれしい気持ちになっても、結局、こんな目に遭うんだって、ばかみたいって思いました。借りもの競走で持って走った棒を、ゴールした後に投げ捨てました。もう、空は一欠片《ひとかけら》も輝いてなんか、いませんでした。

無邪気な子ども時代だったとは思います。もちろん、不眠は続いていたし、生きる意味がわからない日々に変わりはないのですが、片道40分の通学路も友達と一緒なら笑ってばかりだし、周りの大人たちもみんな「お寺のもらわれっ子」ってわかっているけど、私に優しくしてくれました。

実は私、「おばあちゃん」のことが大好きでした。お母さん代わりだから、すごく懐いていて。でも、今、思えば、どうだったんだろうって思います。実の祖母は一切、会いにはこなかったけれど、生活費だけは送っていたようでした。

「おばあちゃん」は、里子がもたらすお金に、すごい執着があった人のように思うんです。里子のなかに、お父さんが呉服屋で、愛人との間にできた子がいたのですが、毎年、お父さんはその子のために着物を送ってくるのです。だけど、「おばあちゃん」の孫がそれを着ていました。その子の着物なのに。中学を卒業すると、里子はみんな働くのですが、その給料を「おばあちゃん」は全部、自分によこせと渡させていたみたい。だからみんな、ある日突然、里子村を出て行ったきり、誰一人、戻ってきませんでした。私の面倒を見てくれていたお兄ちゃんたちは、電気屋さんとかで働いていたけど、みんないなくなりました。

虐待の連鎖

私が沙織さんと会ったのは、児童養護施設出身者の当事者活動を行う団体に、「大人になった元被虐待児に会いたい」と連絡を取ったことがきっかけだった。その団体から私に紹介されたのが、沙織さんだった。沙織さんはその活動を支援し、時にイベントにも参加していた。

当時、私は、のちに『誕生日を知らない女の子　虐待―その後の子どもたち』としてまとめた本のための取材をしていた。虐待を受けた子どもなどを治療する、小児の心療内科病棟が閉鎖病棟であったことに衝撃を受け、虐待が一体、子どもにどのような影響を与え、どのような重い後遺症をもたらすのかを、主に里親家庭を中心に取材を進めていたのだ。

それぞれの里親から聞いた里子たちの状況は、想像を絶するものだった。「愛着障害」はほぼどの子にもあり、なかには幻聴や幻覚、解離などの重たい症状を持つ子も少なくなかった。施設養育で、ネグレクトや暴力などの犠牲となっている子もいた。それほどまでに痛めつけられ、深い傷を負った子どもたちだったが、里親からあたたかい愛情をうけ、安心できる家庭という居場所を得て、確実に育ち直しの時を生きていた。回復していく子どもたちの姿に、紛れもなく「希望」を得た取材だった。

そして、取材の終盤に、私は滝川沙織さんという女性と巡り合ったのだ。

沙織さんが住む街で、私たちは初めて会った。冬の終わりの頃だったと思う。ユニークなデザインの白いニット帽がよく似合う、切れ長の瞳が印象的な美しい人が目の前にいた。小柄で、アート系のセンスを感じる服装もきっと、「彼女らしさ」なのだと感じた。一目で、女優の尾野真知子によく似ていると思った。

取材に際して、沙織さんは、話す内容をまとめたメモを手にしていた。瞬時に、ある文字に目が射抜かれた。私はこれから、たじろがないで、彼女が語る事実を受け止められるのだろうかと身を固くした。

沙織さんは当時、6歳の夢ちゃんと2歳の海くんを育てていた。夫は、会社員。実母の記憶がなく、育ててもらったことのない彼女にとって、子育ては「やってもらえなかった」ことが一つ一つ甦る、苦しみの過程でもあった。

「誰が、私が歩いたことを喜んだ？　七五三なんか、誰がやってくれた？　え？　誕生日なんて、何もない」

夢ちゃんは3歳になるまでほとんど寝ないという、非常に育てにくい子だったということも相俟《あいま》って、夢ちゃんへの殴る蹴るの虐待がどうしても止まらないという「今」を、沙織さんはありのまま、赤裸々に語ってくれた。

悲しいまでの虐待の「連鎖」に、胸が潰れるような思いを抱え、彼女の言葉を受け止めた。

ここで初めて、私は「里子村」という言葉を聞き、そうした村が70年代に存在していたことを知ったのだ。

それにしても、いくら新聞で里子村の記事を読んだとはいえ、実の孫を無責任にも捨てることができるものなのだろうか。それも養育を依頼して受け入れてもらったわけではなく、勝手に寺の本堂に置いてきたのだ。このことは警察官の夫も、同意していたのだろう。児童相談所に相談すれば、裕福な家庭だから育てられるだろう、保護者としての責任を全うせよと、言われることを恐れたのだろうか。だからいわば、非合法な手段で「捨てた」のか。

この妻と夫が作った家庭に流れる、酷薄さを感じないわけにはいかない。ここで、沙織さんの父は育ったのだ。自分の子どもや妻を顧みず、別の女性との快楽を選ぶという身勝手な無責任さは、この家庭に由来するものなのか。沙織さんの父の弟は幼い頃から優秀で、公務員になったというが、彼は両親と兄と絶縁し、両親の葬式にも来なかったという。そこまで、覚悟を持って訣別しなければならない家庭だったということか。

沙織さんが里子村に遺棄された時、栄養失調で死ぬ寸前までの状態になっていたというのは、どういうことなのだろう。母親はいつまで、沙織さんを育てたのだろう。引き取った実の祖父母は、ろくに面倒もみなかったということなのだろうか。

何度目かの取材の際に、沙織さんは自身の母子手帳を見せてくれた。それによれば実母は妊娠期間中、毎月欠かさず検診を受け、臨月には毎週、検診に出向いていた。実母はお腹の赤ちゃんのためにと、赤ちゃんを大切に考え、きちんと産もうと動いていたことがわかる。

産んだ後も、生後2か月で「乳児検診」を行なっていた。この時の「指導」欄には、「精神的」と記されていた。次の「乳児検診」は生後9か月、場所は打田地区がある自治体の病院に変わっていた。この間に実母は出奔し、沙織さんは祖父母に託され、そして里子村へと遺棄されたのだ。1歳児検診も、同じ里子村の場所で行なわれている。1歳時点での体重は7・2キロ。生後2か月の4・5キロから、3キロも増えていない赤ちゃんだった。

母子手帳に残る、母の痕跡。生後2か月までは実母が手元で育てたことは確かであり、何らかの「精神的」理由で、育てることができなくなったのだ。この記録以外、沙織さんには、実母が自分を置いて消えた理由について辿るすべがない。

沙織さんの「普通」だった日常の一コマ一コマに、心が凍りつく。

「私、小学生の頃から、うつだったのかも……」

沙織さんはポツリと言った。ひもじくて、寒くて、友達が持っているものを一つも与えられず、何より、抱きしめてくれる優しい存在が誰もいない。幼い頃から、生きる意味がわからなかったと彼女は言う。言いようがない不安、見えない未来、そして虚無……。

友達の家から、クリスマスツリーの飾りを盗んだ話になった時、沙織さんは兄に促されて返しに行った〝その時〟に戻ったのだろうか。途切れ、途切れの苦しそうな言葉に、あの時、小さな胸がどれだけ押し潰されたのかと思う。「盗みをした子」として、お白州《しらす》に座らされたようなものだ。いたいけな少女がささやかに夢見た、美しさに彩られるクリスマスの代償として。夢のような世界に、そっと手を伸ばしてみただけなのに。

「あの時から、私、クリスマス、嫌いになった」

呻《うめ》くように言葉を吐き、何度もおしぼりで涙を拭った。子どもがクリスマスを嫌いになるなんて……。

しかし、ここまではまだ、マシだったのだ。

小学6年生の夏、あってはならない出来事が沙織さんを襲う。身を引き裂かれるような理不尽な暴力により、彼女はもう、前の世界には戻れない。ただ無邪気だった子ども時代は、残酷にもそこで寸断される。強いられた恐怖と恥辱は、彼女の「その後」を決定づけてしまう。よくここまで生きていたとしか思えない困難で苛酷な人生を、彼女は生きなければならなくなるのだ。12年前の取材で語られなかった詳細を、沙織さんは今回、文字という形で伝えてくれた。敢えて、フラッシュバックの苦しみに身を横たえて……。

あの時、あの場所にいなければ

あれは夏休み、友達と2人で遊んでいた時でした。私は、変態オヤジの餌食にされました。軽トラックから降りた、普通に見えるおじさんにお墓への道を聞かれ、私たちはただ道案内をするだけのことだと思っていました。あれ？　お墓へ行くのになんで、こんなに遠回りをするのだろうと、私はちょっと不思議でした。連れて行かれたのは、ススキが足で踏み倒されていた不自然な場所でした。

そのススキに囲まれた野原に私たちを引っ張り込んだオヤジは突然、ナイフを見せて、こう言ったのです。

「逃げるなよ。早く、パンツを脱げ。言う通りにしないと、殺すぞ」

逃げようとしたけれど、身体が恐怖でガチガチに震え、すぐに引き戻されました。下半身だけ脱ぐように指示され、寝転んで足を広げさせられ、男は私の性器を触ったり、匂いを嗅いだりしたのです。そして、友人にも同じことをしました。また交代させられ、男の性器を押しつけられました。

「もっと、股を広げろ。自分で、思いっきり広げろ。気持ちいいか？」

足が引き裂かれるほど引っ張られ、黙っていたら、「気持ちいいと言え！」と強制されました。

その時間は、私、死んでいました。髪の毛が、逆立っていた。今でも鮮明に覚えている。気持ち悪い性器の感触と、生ぬるい液体のドロッとした感覚。精液が生温かく、ドロドロしていたのが異常に気持ち悪かったことも。

「このこと、誰にも言うな。言ったら、殺すぞ」

カッターナイフを突き出し、そう言って、男はさっさと立ち去ったのです。友人と2人、パンツを穿き、急いで逃げました。その時、男のものだと思われる軽トラックが通り過ぎ、さっと私たちは身を隠したのです。なんで、あの時、車のナンバーを覚えようとしなかったのか。それは今でも、後悔しています。男はまだ、捕まっていないから。

警察が大勢来ました。おばあちゃんに話したからです。私と友達は別々に、警察の人から話を聞かれました。

村の大人は「まだ、生理がなくてよかった」とよくわからないことを言っていたけれど、何がよかった？　初潮を迎えてない時期だから、まだよかったの？　性行為を知らない子どもだったから、まだよかったの？　いいわけがない。

その後、あるおばさんは私に面と向かって、こう言いました。

「あんた、知らん男にパンツ、脱がされたんだって？」

なんで、こんな残酷なこと、わざわざ言ってくるのでしょう？　ああ、村のみんながそう思っているんだとわかりました。

あの時、あの場所にいなければ……。あそこにいた私が、悪いんだ。私が悪いんだ、私が……。大人たちも、私を責めている。やっぱり、私のせいなんだ……。

あの時、12歳の私はただ、自分を責めることしかできませんでした。そして、どんどん、自分を追い詰めていったのです。

世界が全て変わってしまった、小学6年生の夏休み。どうしてあんな残酷なことが、この身に起こってしまったのでしょう。なぜ、私だったのか。

変態オヤジの餌食にされ、いたぶられた。こんな理不尽な目に遭って、ずーっと苦しい思いを抱えて生きなきゃいけなくて、だけど誰も、何も、癒してはくれない。

今でもテレビなどでレイプシーンや、逃げたり追われたりするシーンを見ると、あの時の恐怖が甦ります。簡単にあの場に、戻ってしまう。メガネをかけた中年男、ススキ、軽トラ、それら全てがあの時の恐怖を呼び起こすのです。

恐怖こそ、人格を支配するのだと思うのです。性虐待は何をされたかを理解した時に、おぞましい恐怖に全てが支配されるものであると……。

のちにわかったのは、オヤジは勃起していなかったということです。それとも、できない？挿入しようとしたけれど、その硬さもなく、ふにゃふにゃのままだった。それが、オヤジにはコンプレックスだったのか。だから、小児を狙ったのでしょうか。いや、それもこれもどうでもいいことです。

今でも、心から思う。なぜ、あの日、あの場所にいたのだろうと。いや、時を戻したとしてもどこからかすでに、狙われていたのです。犯人は下見をして、ススキを踏み固めて、そのための「場」を作り、私たちをそこに連れ込みました。あれは、明らかに計画的犯行でした。

「お父さん」が迎えに来た

小学校を卒業し、中学生になる前に、お寺に「お父さん」が迎えに来ました。死んだと聞かされていましたから、私、「お父さん」とは思わずに、中学の先生が来たと思いました。

「自転車を買ってあげようか」って言うので、中学の先生って、自転車を買ってくれるんだって思いました。

本当に私、何も知らない、無知のまま、育ったのです。

だけど、誰もお父さんのことなんか教えてくれませんし、死んだって聞いているわけですから、「お父さん」という存在を想像したこともありませんし、「お父さん」なんか、いるわけがないって、そう思うのも当たり前のことじゃないですか。

のちに、高校生の時に「おばあちゃん」から聞かされたのですが、お父さんは私のおじいちゃんから「おまえには、子どもが2人いる」って教えられて、私がすごくちっちゃい時に会いに来たそうです。そのことを当時、「おばあちゃん」は私に教えることができなくて、高校生になってから私に打ち明け、その時に撮った写真も渡されました。そりゃあ、「死んだ」と教えていたわけですから、話せるわけがありません。

その写真には、大泣きしてお父さんに抱っこされている幼児の私が映っていて、お父さんはお手上げだったみたい。

「めちゃくちゃ泣くし、もう二度と会いにこない」

「おばあちゃん」にこう言って、お寺から帰って行ったそうです。

その「お父さん」がどうして、またやってきたのでしょう。それも、迎えに来たって……。

どうやら、「おばあちゃん」は小学校6年生までという条件で、私たち兄妹を預かったようです。関係者がみんな亡くなった今では、全てが推測でしかないのですが。

3年前にお兄ちゃんがどこかへ消えちゃったのも、そういうことだったのです。どこに行ったのか、誰も教えてはくれませんでした。お手紙を書いて、「おばあちゃん」にお兄ちゃんに送ってもらうように何度か頼んだのですが、返事は一度も来ませんでした。

もし、お父さんが迎えに来なかったら、私は施設で育つことになったらしいというのも、推測でしかないのですが。

急転直下、私は「お父さん」という人に里子村から連れ出され、大きな街で暮らすようになりました。最初は、私のおじいちゃんとおばあちゃんという人の家に連れて行かれました。そこで、3年ぶりにお兄ちゃんに会ったのです。

「かずちゃん、今まで、何、してたの？」

お兄ちゃんは、曖昧に笑うだけ。だから、私はずっと誰かわからなかった、私をここに連れてきた人のことを聞きました。

「あの人、かずちゃんの中学の先生？」

お兄ちゃんの答えは、びっくりでした。

「どうも、お父さんみたいだよ」

「え？」

お兄ちゃんは3年経っても、その人のことを「お父さん」とは呼べないでいました。里子村から消えたお兄ちゃんは3年間、おじいちゃんとおばあちゃんの家にいて、私が中1、お兄ちゃんが高校に上がる時に、お父さんと暮らすことになったようでした。

お父さんは再婚していて、ママハハさんという人と、お兄ちゃんと4人で暮らすことになりました。

父と継母は同じ歳で、34歳ぐらいだったと思います。当時は大人の年齢なんてよくわかりませんでしたが、今、思えば、2人とも若かったわけです。

きっと誰もが、実の親と暮らせるようになって、「沙織ちゃん、よかったね」って思うでしょう。父と継母が「普通」の人たちなら、その先に家族という幸せを得たかもしれませんが、この2人はどちらも「モンスター」でした。見ず知らずの「お父さん」という人と、30代半ばで高校生と中学生の親になった継母という人が作る家庭には、平穏な暮らしのカケラすらなく、待っていたのは本物の地獄でした。

私は、何も知らなかった。私の意志などそこには何もなく、慣れ親しんだ山奥の村から、見たこともない大都会へ勝手に連れてこられただけ。

本当の苦しみは、ここから始まったのです。

第二章

劇団家族

――沙織

父親という人と出会ったことで、私の心は死にました。

「中学の先生」だと思っていた人に、訳がわからないまま里子村から連れ出された私に待っていたのは地獄でした。

どこへ行くとも、誰と暮らすとも、私は何も教えられず、小さい時から一緒に育った大事な友達と、きちんとお別れをする時間すらないまま、よくわからない「おじさん」に、大きな街へと連れて行かれました。

電車という乗り物も、ビルもスーパーマーケットも、世の中にこんなに広い道路があることも、こんなに多くの車が走っていることも、たくさんの人がぶつからずに歩いていることも、目にするもの全てが初めてのことでした。そして耳を聾《つんざ》く、とてつもない喧騒。鳥の囀《さえず》りや風やせせらぎの音の中で生きていた私にとって、ありとあらゆる、さまざまな音量の騒音にさらされ続けること自体、大人になった今ならわかるのですが、暴力に近いものでもありました。

カラフルな色彩の玩具箱《おもちゃばこ》をひっくり返したような、ショーウインドーに映る夥《おびただ》しい品々に、私の視覚は追いつくこともできません。何を、どう捉えればいいのでしょう。戸惑いばかりでした。

「お母さん」って、呼んでみた

大きな街で何もかも呆気《あっけ》に取られ、息も絶え絶えとなっている私に、何も説明すらしてくれない、「中学の先生」だと思っていた人は一言だけ、こう聞いてきました。

「本当のお母さんじゃないけど、お母さんになってくれる人がいたら、お母さん、欲しいか？」

お母さんって、何？

その時まで、私は「お母さん」という言葉を一度も口にしたことはありませんでした。「お母さん」とはどういう存在なのか、想像するのも難しく、友達には確かに、「お母さん」がいたけれど、お母さんが何をどうする人なのか、ちっとも思い浮かびません。

そんな私でしたが、「お母さん」という言葉が放つ甘い響きに、あっという間に胸をわしづかみにされました。

私に、お母さんができるの？　お母さんという人はきっととっても優しくて、あったかくて、繭を包むようにそっと私を抱いてくれる……。

そう思った途端、幸せな気持ちに包まれました。お寺での生活が生きる意味さえわからない灰色の世界だとしたら、お母さんとの暮らしは甘くてあたたかな世界に違いない。何かにふっと引き寄せられるかのように、そう思えたのです。

「お母さん」になる女性は、父親の再婚相手で、目鼻立ちのくっきりとした美しい人でした。山奥の村で暮らしていた私にとって、華を持つ女性と対面するのは初めてのことだったかもしれません。のちに私の夫となった滝川惇《じゅん》（仮名）は継母のことを、元横綱の貴乃花の母、藤田紀子さんに似ていると言いました。当時の私はテレビなど観たことがなかったので、たとえようもなかったのですが、確かに、そう言われれば似ているなとは思います。

最初に、継母にどう挨拶したのかは思い出せません。恥ずかしくてたまらなかったけれど、勇気を出して、「お母さん」って、呼んでみたことは覚えています。その時の、胸の高鳴りようといったら、後にも先にもこの時にしか味わったことがないほどでした。きっと、顔も真っ赤だったに違いありません。

そして、そっとお母さんの手に私の手を乗せてみたのです。初めて手をつないだ時の、すべすべの柔らかな感触。これがお母さんなんだって、うれしくてたまらなかった。

お母さんの胸に何かの拍子で手が当たった時、本当にびっくりしました。とても柔らかくて気持ちが良くて、ドキッとしました。もっと、お母さんの胸に触りたい。もっと、お母さんにくっつきたい。もっともっと、お母さんにベタベタくっついて甘えたい。

今まで誰かに甘えたことがない私ですから、どうしていいかわからなかったのも事実です。でも、もっともっとくっついて、お母さんに抱きしめてもらいたいって、とろけるような気持ちで願いました。

だけど、私のささやかな願いはいとも簡単に押しつぶされるのです。

「何を甘えてくるのよ。手を離して」

刃のような冷たい言葉は、私をあっけなく打ちのめしました。継母はなぜか、兄ばかりを可愛がりました。父親とも当時はラブラブだったので、私は兄と父に嫉妬しました。嫉妬という感情をこの時、初めて知りました。

どうしても、お母さんに振り向いてもらいたい。私に笑顔を向けて、「さおりちゃん」と呼んでほしいと、どれだけ一心に願ったことでしょう。

でも、継母はそんな祈りが通じる相手ではなかったのです。

山奥の村とは何もかも違う都会の暮らしに、私は非常に戸惑い、毎日、疲れ果てていました。中学校は学年が14クラスもあるマンモス校で、同級生が4〜5人という村の小学校に馴染んでいた私は、その数に圧倒されます。

こんなに同級生がいっぱいいる環境って、何？　こんな大きな学校で、私はどうしていいかわからない。心が苦しくて、胃潰瘍になってしまったのだと思います。学校で嘔吐してしまい、継母の元へ、私を迎えに来るように学校から連絡が行きました。

保健室のベッドに寝かされた私に、担任の先生は「もうすぐ、お母さんが迎えに来ますよ」と伝えてくれました。その言葉を聞いて、胃痛を堪《こら》えながらも、私はその時、甘い夢を見ていました。

お母さんはびっくりして、私を心配して迎えに来てくれる……、そんな甘美な思いに包まれて、継母の到着を待っていたのです。

でも、迎えに来てくれた継母と学校を出た途端、胸に宿る小さな夢は粉々に砕かれてしまいました。継母は真っ先に、憎々しげな口調でこう言いました。

「迷惑なのよ。自分で歩いて帰って来ればいいのに」

思いもしない言葉に呆然とし、ふらふら歩きながら、私は電柱のところでまた吐きました。自転車で来ていた継母は私を介抱するわけでもなく、離れたところから、私が吐き終わるまでじっと見ていました。まるで、知らない子だというばかりに。

当時、継母はカメラ屋を一人で切り盛りしていましたから、苛立ったように、こうも付け加えました。

「ちょっと、店、閉めて来てるんだから、急いでよ」

そして、吐いている私をそのままにして、さっさと自転車で去って行ったのでした。

私が苦しんでいる姿を見ている継母の意地の悪い顔は、今でもしっかり目に焼き付いています。

この時、私は、はっきり思いました。あの人をお母さんと思うのは止めにしよう、と。

父親かどうか知らない、12年も離れて暮らしてきた人と、ママハハという変な人と兄との4人の生活。父親も継母も、私には12歳の時に急にできた「両親」という役割の人でしかなく、そこに「家族」の愛情は一つもないことを、身をもって知るのに時間はかかりませんでした。

だから、私は心の中で「劇団家族」と名づけることにしたのです。

ケダモノ

父親という人は、この男は人間のはずがない男だとすぐに知りました。ケダモノが、間違って人間になったとしか思えなかった。

気分次第ですぐに殴ったり、暴れたりする男でした。ターゲットはいつも、兄でした。容赦なく殴られ、口から血を流している兄。父親はよく、兄に頭突きを食らわしました。その時の音が、今でも忘れられません。ゴーンって、ものすごい音がするんです。ケダモノが力の限り兄に頭突きをして、ふらふらと倒れた兄は脳震盪を起こしていたと思います。ケダモノの暴力の嵐を目の当たりにさせられた、あの時の恐怖といったら……。

兄はよれよれになって倒れ、口からは血がどくどく溢れ、ふらふらになっても、ずっと殴られっぱなしでした。兄は感情をなくしていたのか、抵抗することもなく殴られていました。きっと抵抗しても無駄だから従うしかないと、諦めていたと思います。

父親が兄を殴って、兄の口から血が溢れてくるのを見た時、私は怖くて、うわーって泣いてしまいました。お寺での生活は酷い環境だったかもしれないけれど、暴力という凶暴な光景を目にしたことは一度もなかったし、お寺で一緒に暮らしていた大好きな兄、「かずちゃん」が血を流しているのです。

恐怖のあまり泣き出した私に向かって、父親は眼を剝《む》いてすごみました。

「おまえ、何、泣いてんだよ。文句あんのか！」

「泣いてません、泣いてません……」

暴力の矛先がこちらに向かってくるのがひたすら怖く、私は涙を流しながら、声を出して笑いました。

そこから、私は泣かなくなりました。無になろうと、決めました。多分、兄と一緒です。

そんな時、継母はいつも父親の後ろで、ニタニタ笑って見ていました。

いつ、父親の機嫌が悪くなるか、地雷を踏まないように生きていました。イエスもノーもなく、話すことも控え、ひたすらご機嫌をうかがいながら生活する、それだけでした。

劇団家族は週末、家族揃って出かけるのがいつものことでした。継母の弟一家と出かけることがほとんどだったのですが、ある時、柄にもなく、劇団家族だけで「キャンプに行こう」となったことがありました。継母が前日から卵焼きやウインナーを入れたお弁当を用意していたのですが、父親は何か気に入らないことがあったのか、いきなり、お弁当を準備していたダイニング・テーブルを投げ飛ばしました。そのうえ、家の冷蔵庫を蹴り上げたのです。それでも翌日は家族で出かけたのですが、キャンプ先でまた本当に取るに足らない些細なことで、父親はおかずの入った皿をバーンと全部放って割りました。「また、始まった」って思うしかなく、でもさすがにこの時は、継母のことが気の毒になり、私は割れた皿の片付けを手伝いました。

感情を殺し、黙々と片付けをしている横で、父親の怒りは皿だけでは収まらず、ポータブルの冷蔵庫をバーンと蹴ってへこまして、ケダモノはやりたい放題、手がつけられない状態にあっという間になりました。こんなキャンプの光景って、ありますか？　さすが、劇団家族。だから、キャンプなんか、わざわざしなくていいのです。父親は器械体操をやっていたために身体はムキムキ、ものすごい力で、肉体的にもケダモノでした。


兄は高校を卒業して、専門学校に入り、そのまま家を出ました。私たち兄妹にとって、この地獄から抜け出すには、一刻も早く家を出ることしかないことはわかっていました。

「ごめんな。先に一人で出るけど、ごめんな」

私たちはいつも、「絶対に一緒に、この家を出よう」と言っていました。兄が私をいずれ、連れ出してくれるという望みがありましたから、結局、そうしてくれなかった兄を恨んだ時期もないといえば嘘になります。でも、兄も自分のことで精一杯だっただろうし、こんな家は逃げた方がいいのです。

そして、兄がいなくなった途端、ターゲットは私になりました。

私はよく、継母と言い争いになりました。感情をなくそうと思った私は、継母にも、何でも「はい、はい」と答えていました。継母は基本、私のことが気に入らないわけですから、「A」と言っても怒られるし、「B」と言っても怒られる。ともかく、私に当たってくるんです。

「あんたは本当に、どっちでもいいって適当に返事して。何でも、はいはいと言っておけばいいと思って。あんたには、自分の意思ってもんがないの？」

「なんで、私のこともよく知らないのに、決めつけるわけ？」

いくら感情を殺したとはいえ、私はやっぱり、継母には反抗していました。なぜ、そう決めつけるのか、理由を聞かずにはいられなかったのです。私と言い争う継母の声を聞きつけるや、父親が乱入してきます。

「おまえ、なんか、文句あんのかー！」

一瞬にして持ち上げられ、バーンッて放り投げられました。その瞬間、ああ、もう死んだと思いました。ああ、これなんだって思いました。飛び降り自殺のニュースで、よく全身打撲って言ってるけど、これなんだって。死ぬなって、本当に思いました。内臓が揺れて、息が止まって。ああ、落ちて死ぬのではなく、内臓が揺れて破裂して、人は死ぬんだなって……、その時に悟りました。

この時からでしょうか？　原因不明の湿疹が、身体中にばあーっと出るようになりました。皮膚科へ何遍も行ったのですが、原因はわかりませんでした。今なら、その原因がわかります。父親です。湿疹などの皮膚トラブルは物理的刺激やアレルギー反応だけでなく、ストレスもその原因として考えられるわけですから。街で父親に似た人を見かけると、ミミズが這ったような痕《あと》が全身に走るようになりました。私の身体は父親というストレスに、ちゃんと反応していたのです。

実父に引き取られたという不幸

沙織さんの不幸は、血のつながった実父に引き取られたことにあった。

今も児童相談所が重視し、理想とする「親子再統合」だ。12年も実子を放置して良心の呵責も感じない人間に、血のつながった父親だからという理由だけで、愛情を持って養育できるはずがないという判断が、そこでなぜできなかったのだろうか。12年も放っておいたこと自体、立派な虐待行為なのだから。

判断できる「機関」も「人」も何一つ、沙織さんと兄を取り巻く環境には存在しなかった。せめて、そこに児相が関わっていたのなら、児童養護施設などの選択肢があったのだとは思うものの、それとも、やはり「血」が勝つのか。

それにしても、沙織さんの父親はどうやって、〝ケダモノ〟になったのだろう。

先に触れたように、父親は比較的裕福な家庭に生まれた。その父親は警察幹部、母親は薬剤師という、傍《はた》から見れば、「立派」な家庭だ。専業主婦がほとんどだった時代において、母親がきちんとした職業を持つというのはむしろ、進歩的な家庭でもあった。

沙織さんが父親から聞いた話によれば、父親は両親から度を越したスパルタ教育を受けてきたという。

「宿題ができなかったり、点数が取れてないと木に縛りつけられたり、九九が言えるまで熱湯風呂に入れられたりとか。便が漏れると訴えても風呂から出してもらえず、ウンコを風呂で漏らしたとか。祖父の暴力が、すごかったみたいです。祖母も、兄弟ゲンカをすると2人を木に縛りつけて何時間もそのままにしていたりしたそうです。それが怖くて、父親は祖父や祖母にすごい恨みを抱いていて、力をつけるために器械体操をして、力で勝てるようになり、逆転したって言っていました」

沙織さんの父親もまた、安心した子ども時代を送ることができなかった被虐待児だった。今でも大きな問題となっている「教育虐待」に、躾《しつけ》と称する体罰という虐待。成績のいい子どもにしたいという親のエゴが優先され、子どもに勉強を強要し、主体性を奪い続ける「教育虐待」はむしろ、祖母の意向が反映していたのではと思われる。祖母は薬剤師になれるほど優秀だったわけであり、わが子が優等生でない事実は受け入れ難かったのかもしれない。そして警察官の祖父が繰り出す、容赦ない暴力。

その挙句に沙織さんの父親は、暴力至上主義というべき教えを、その家庭で得た。目には目をと、暴力で全てをねじ伏せ、力関係を逆転させるのが「正義」なのだと。

成績の良かった弟にはそれほどの暴力も教育虐待もなかったということだが、公務員となった弟は両親とも兄とも関係を絶っていることは先に述べた。

本来なら、子どもにとって親と一緒にいる時が、一番安心できるはずだ。しかし、いつケダモノになるかわからない父親がいる家庭は、沙織さんにとって常に緊張を強いられるものだった。24時間、危険を察知するアンテナを張っていないといけないのだ。

子どもが感情を殺そうと思うほど苛烈な環境で、沙織さんは生き延びなければならなかった。

さらなる不幸は父親の暴力だけでなく、継母もまた、沙織さんにとっての虐待者だったということだ。それは、心理的虐待と言うべきものだった。


「よく、頑張ったね」


「なんか、この子、嫌なのよー。一緒に出かけるのも恥ずかしいわ」

継母は出かけた先の店員さんや、レストランの人たちに決まって、私のことをこう言ってはなじりました。私にわざわざ恥をかかせるようなことを、嬉々としてする人でした。ですから、私にとっては継母と出かけることはいつも苦痛でしかありませんでした。

「なんか、あんたはセンス、悪いわー。なんか、ピント、ズレてるわー」

ずっと、それればかりを言われるので、私はそうなんだと思いました。お寺で育ったから空気を読むとか、そういうことを学びにくい環境だったから、そうなのだと。継母はそうやって、人の前で私を罵ることが大好きでした。

この街に来た当初、私は電車の乗り方も知りませんでした。改札も見たことがなく、切符を入れたら、それを取らないといけないことも知りません。継母に「切符は?」と聞かれたら、「ない」と答えるしかありません。そこでまた、大きな声で怒られました。

「ほんと、何にも知らないんだから！　なんで、聞かないのよ！」

怒鳴られましたが、何を聞いていいかもわからないので、聞けるわけがないのです。

私と一緒に出かけるといっても、いつも継母は振り返ることなく、一人でスタスタ歩いていくので、私はよく迷子になりました。迷子になった時も、継母はすごく怒りました。

「なんで、迷子になりそうな時に、私を呼ばないのよ！」

その頃はもう、「お母さん」と呼ぶのも嫌になっていました。

中学の林間学校で、麦わら帽子が必要でした。継母と一緒に買いに行って、「これがいい」って私が言ったのに、継母はお花がいっぱいついたフリフリの帽子にしろと迫るのです。でも、私はその帽子はどうしても嫌でした。

「よその店を覗いてくるから、戻ってくるまでに決めときなさいよ」

その場には、店員さんもずっとついていてくれました。継母が戻ってきて、圧のある声で「どっちにするの？」と迫りましたが、私は欲しい帽子を買ってもらいました。

「よく、頑張ったね」

店員さんがそう言ってくれたのを、今も忘れません。もちろん、その後、継母はプリプリ怒って、私が迷子になろうが、一人でスタスタと行ってしまいました。

私はいつも、一人でした。

前にも言いましたが、劇団家族は週末、よせばいいのに、家族揃って出かけるのがいつものことでした。メンバーは私たち４人と、継母の弟一家と決まっていました。父親と継母は甥っ子と姪っ子ばかりを可愛がりました。私と兄は何も買ってもらえませんでしたが、その子たちにはなんでも買い与えていました。10歳以上、年の離れた継母の姪と私は比べられ、蔑《さげす》まれました。家にはその甥と姪の写真ばかりで、私が写っているものは一枚もありません。当時は気づかなかったのですが、明らかに差別を受けていたと、今ならはっきりとわかります。劇団家族の構成員ではありましたが、所詮、両親役の人たちにとって私は「家族」でもなかったわけです。大勢で出かけていても私はいつも一人だと思っていましたし、家にいる時でも一人でした。

学校に行っている時は気が楽でしたが、放課後、友達と遊ぶことが禁じられていたので、友達と親しくなるのは難しいことでした。継母がやっているカメラ屋の前で、バッタリ会った友達と話していたら、店の中から「何、やってんのよー」って継母が大声で怒鳴るものだから、「沙織の母親はめちゃくちゃ怖い」という噂《うわさ》が広まり、誰も私を見かけても声をかけなくなりました。私が誰かと話しているだけで、なぜ、怒られないといけないのか。でも、それが継母のやり方でした。

継母に多少、意地悪なところがあるとはいえ、まだ「普通の人」だったら、何とかしのげたのかもしれません。継母は突然、キーッと爆発する人でした。何の前触れもなく、理性の制御が一気に吹き飛び、手のつけられないような状態になるのです。こちらも父親同様、どこに地雷があるかわかりません。

ハンバーグを作っておいてと、言われた時のことでした。きっと、私の作ったハンバーグが気に入らなかったのでしょう。継母はキーッとなって、タネの入ったボールを壁に投げつけ、まな板や食器をメチャクチャに床に叩きつけました。そうなると声のトーンまで変わって、ドスの利いた声で怒鳴りまくるのです。継母が怒り出したら、私の髪の毛は逆立ち、鳥肌が立ち、血が熱くなるのがわかります。恐怖のあまり、身体が反応してしまうのです。そして、ああ、また始まったって思うのです。

「殴りたいのを我慢してるんだから、ありがたく思いなさいよ！」

これも、常套句でした。私こそ、本当に、その顔に水をバシャーッとかけるとか、何かアクションをしたかった。そうすればよかった。なんでしなかったんだと、心から思います。

一緒に映画を観るとなっても、その時の私はロボットのようになっていました。自分で、スイッチを入れるんです。「これから、ママハハと映画に行きます」とプログラミングして、「終わるまでの時間を、耐えます」って。これ、もはや、立派な介護ではないですか？

ある時、継母が自分の子どもを持てば、環境が変わるのではないかと思いました。自分の子どもをかわいがれば、ついでに私もかわいがってくれるのではと、思いきって頼んでみました。

「お母さん、私、弟か妹が欲しい」

継母の答えは、あっけないものでした。

「あんたがいじめるから、産まない」

「私、絶対にいじめないよ。すごくかわいがるから」

「いや、あんたは絶対にいじめる」

この時の継母の冷たさも、心を凍らせるには十分でした。

何かを選べと継母に言われても、どっちを選んでも、結局は私が間違っていることにされるので嫌になってしまい、「どっちなの？」と聞かれても、「うん」としか、私は言わなくなっていました。どっちでもいいや、と思ったから。それもまた継母は気に入らなくて、キーッととてつもない咆哮《ほうこう》が始まり、その声を聞いて、父親が「おまえ、なんか、文句あんのかー！」って、乱入してくるわけです。

継母の家出

これは、まだ兄が家にいた頃の話です。私は兄が大好きで、兄の横で寝ていましたが、兄が性器を触ってくることがありました。「やめて」と言いましたが、またやってきます。継母に話すと、最初は「寝ぼけていたんじゃないか」と聞き流され、二度目には「そんなの、どこの家にもあること」と何もしてもらえませんでした。寝たら負けだと思って毎晩、布団に入りました。クッションを2つ、身体の上に乗せてズボンのヒモをきつくしばり、その上からベルトを巻き……。中学1年の冬休み、同じ校区内で引っ越して、それぞれの部屋ができてからはなくなりました。それっきりなのですが、最近、ふと思います。兄には、謝ってもらった方がいいのだろうかと。

中学の時は「いい高校に入れ」と口が酸っぱくなるほど言われ、父親と継母から塾に行かされて、意味もわからず通っていましたが、高校生になると塾通いはなくなり、その代わりに毎日、継母のカメラ屋の手伝いをしなければなりませんでした。

継母と一緒にいることがものすごく苦痛で、嫌でたまらなく、駅のホームで一人、泣いていたこともありました。自転車で店に行くのですが、自転車を止めた瞬間、気持ちをパッと切り変えるんです。スイッチを変えるように。そうやって「ただいまー」と言って店に入るんですけど、その「ただいま」の言い方一つで、継母はイチャモンを付けてくるのです。お店では、私への文句ばかり。私にクレームをつけるのを、楽しんでいるようでした。

お客さんなど他人の前で、私をバカにするのも常でした。外では、家の中と違って怒鳴ることはありませんが、じめーっとした嫌なことを言うのです。お客さんが継母に、「それ以上、言わないであげて」と、私を庇《かば》ってくれたことがあったほど。その方は継母が席を外した隙に、「いつも、けちょんけちょんに言われてるねー」と、肩をさすって慰めてくれました。

私が高校生の頃には、父親と継母の仲は相当、険悪なものになり、激しい喧嘩が絶えなくなりました。以前はＤＶサイクルがあり、「ハネムーン期」になると父親が赤ちゃん言葉で継母に甘えたりして、それも気持ちが悪いものでしたが、２人からは「ハネムーン期」なんてなかったかのように消え失せました。

だから、カメラ屋を手伝っていた時、継母にふと、日頃感じていた疑問を聞いてみたのです。

「なんで、結婚したの？」

「強引に。あまりに熱烈で怖くなったから」

継母のこの答えは、腑に落ちないものでした。嫌なら、断ればいいのに。だから、次にこう聞いてみたのです。

「私とお兄ちゃんがいるのを知ってて、結婚したの？」

長い間が空いて、継母は一言。

「知らなかった」

数日後、継母から聞かれました。

「あんた、いつから知ってたの？」

「何を？」

「私と血がつながっていないこと」

「最初から、知ってたよ」

最初に、父親から「本当のお母さんじゃないけど」と言われていましたから。

瞬間、継母は高笑いを始めました。理性など、とっくに吹き飛んでいることは瞬時にわかりました。

「これで、やっとわかったわ。なんで、こんなに懐かないのか。なんで、私だけ、知らないのよ！　自分だけ、騙されていたんだー！」

継母は私と兄が、継母を本当のお母さんだと思っていると父親から聞かされていたようでした。

「私だけ、知らなかったのかー！」

「自分だけ、バカみたいじゃないか！」

これまでの咆哮とは比べものがないほど、ものすごい声で怒りを撒き散らし、私は継母に殺されるかと思いました。

「それだったら、育て方、全部、間違えたわー。失敗だったわ」

「私が、血がつながっていると思っているのといないので、育て方、変わるの？」

「変わる！　失敗だった。ちっとも、寄ってこない」

キーッとなったら、ものすごくドスの利いた声で怒鳴りまくる継母。そんなことは父親に言ってほしいし、私が騙したわけでも何でもないのにと思いましたが、あまりに激しい怒りように血の気が引いてしまって、何も言えなくて。怖くて、鳥肌がブワーッと立って、殺されるかもと一瞬、確かに思いました。

「それだったら、最初から間違いだわー」

継母はそう言って、すごい勢いで店を飛び出して行きました。そして、ほどなく荷物をまとめ、家を出ました。

もう、思い出すのも嫌、今でも夢に出てきます。この前も赤いペディキュアを見て継母を思い出し、気分が悪くなりました。

普通は家って安らぐ場所なのだと思いますが、私には牢屋のような、拷問を受ける場所でした。

継母から受けた傷

「ああ、もうダメ、疲れてきた」

継母との思い出を辿る沙織さんが、頭を抱えて苦しそうに目を閉じた。それほど、継母という存在は、沙織さんを深く傷つけ、損ねてきた人間だった。

この継母という女性に、幼い者への愛情を期待するのは無駄なことなのか。せめて継母に、沙織さんと兄へ労わりや優しい思いがあったなら……。母親になってほしいとまでは思わない。ただ、一つ屋根の下で生きる者として、少女と少年をあたたかな気持ちで見守ってほしかった。沙織さんはどう思っているかはわからないが、私は「せめて……」と思わずにいられない。

沙織さんは兄と自分が同居するまでは、父親の暴力のターゲットは継母だったと見ている。夫から殴る蹴るの暴力を受ける鬱屈した感情を、幼い弱き者に吐き出すことで、継母はスッとした快感を得たのだろうか。

自分のストレスを、他者を使って発散するということは、虐待行為に他ならない。

沙織さんと初めて会った12年前は、彼女が継母を看取ったばかりの時だった。沙織さんはがんで余命いくばくもない病床で、継母が海くんに「海くん、大きくなったねー。かわいいねー」と話しかけたことで、「許そう」と思った。自分の子どもを愛してくれれば、それだけで許せると。12年前の取材では、沙織さんにとっての大きなテーマは継母の存在でもあった。継母とは自分にとって何だったのか、自分を愛してくれたのか——、その答えは永遠に失われたにもかかわらず、沙織さんは空に向かって、叫び続けているのだと思えた。

「私だけが知らなかった！」と絶叫して店を飛び出して程なく、継母は家を出た。継母がいない快適な生活が始まったと、高校生の沙織さんは思った。しかし、ここからさらにおぞましい地獄に、沙織さんは突き落とされる。

板張りの天井

継母が家を出たことによって、父親と2人だけの生活が始まりました。高校2年の夏休みだったと思います。

「おまえは、ごはんを作ろうと思わないのかー！」

父親が怒り出すので、渡された千円で料理本を買い、肉じゃがを作りました。

「おまえ、これは、食堂の切り方と同じだろがー！」

突然、食卓で父親が激昂し、目を剝いて怒鳴られましたが、言われたことの意味が全くわかりません。「え？　何のこと？」と、キョトンとする暇もあったのかなかったのか。

「おまえは、何でも口答えしてー！」

父親は漬物が乗っていた皿をバーンと叩き割り、私はいきなり首根っこを掴まれました。

テーブルを挟んでいるのに、体が持ち上がるほどの力でした。

「ごめんなさい、ごめんなさい」

首が絞まる苦しさを堪え、私は何度も謝りました。そうするしか、ないのだから。どうやら茄子《なす》の漬物の切り方が気に食わなかったみたいで、私は半分に切って半月切りにしたのですが、正解は丸のまま切るのが正しかったようです。どこに地雷が潜んでいるか、ビクビクする生活に変わりはありませんでした。

いきなり激昂する一方、ある時は突然、猫なで声で私に寄ってくるのです。

「ちゃーおちゃん」

気持ちが悪くて仕方がなく、そのうちに通りすがりに私の乳首とか身体を触ってくるようになりました。それも、つーんと手を出してきて、「え？」って思った時には触られているので、手で払う暇もないのです。やがて、お風呂を覗いてくるようになりました。

私は父親を警戒して、父親が帰ってくる前にお風呂を済ますようにしました。ただ、父親はちゃんと仕事をしていたわけではないので、いつ帰ってくるかわからず、気が休まることがありません。

お風呂から上がり、脱衣所にいる時に父親が帰ってきました。

「ちゃーおちゃんの裸、覗いちゃおうかな」

そう言って、ドアを開けて脱衣所に入ってきたのです。私は身体を拭いていたので真っ裸で、父親をバーンと突き飛ばしてドアを閉めて、思いっきり叫んだのを覚えています。

「何するのー！　やめてよ！」

叫びながら、震えていました。兄はとっくに家を出て、父と家に2人だけ。私は17歳で、父親は39歳ぐらい。

私は警戒して、部屋の扉に大きな鈴をつけました。誰かが扉を開けたら、わかるようにと。

父親はちょいちょい触ったり、覗いたりするようになりましたが、高校に行かせてもらっているのは父親のおかげだし、気持ちが悪いけれど、何とか我慢していました。

機嫌がよくて、私に接近してくる時は、赤ちゃん言葉になるんです。あのケダモノが、赤ちゃん言葉を使うんです。そういえば、継母に暴力を振るった後、やけに優しくなる時があり、その時も父親は赤ちゃん言葉を使っていました。

蒸し暑い夜、扉にかけていた鈴が鳴りました。

「ちゃーおちゃんに、チューしたことないから、チューしよう」

そのまま、ベッドに押し倒されました。

唇を押しつけてきて、なんで、私、父親とキスしてる？

ヤニ臭い。キモイキモイキモイ。吐く吐く吐く。無理無理無理。

そこからは、記憶がありません。覚えていない。もう硬直して、あとは天井しか見ていませんでした。動けない。どうしてなんだろうと思うぐらい、動けない、叫べない。お風呂の時みたいに、「やめてー！」って叫べればよかったのに……。

視界にあるのは、板張りの天井だけ。うちって板張りの天井なんだ……。電気のアダプターもある。天井にも、いろんなパーツがあるんだ……。なんで、私、こんなこと、思っているんだろう。

ただ、天井を見ていた。

あとは、何も知らない。横たわって天井を見ている私だけが、そこにいる。私の身体は、どこ？　私の身体、どこに行っちゃったんだろう。心もどこ？　心はもう、見つからない？　なんで？　身体がとっても重たいの。ガチガチに硬直してる。私、どうなってるの？　怖い、怖い、怖いよー。恐怖で、身体がガクガクしてる。ガックンガックンって、震えが止まらない。思い出したくもない、実家の天井の木目。あの時の私は、自分の精神が崩壊しないよう、天井の木目を眺めていたのかもしれません。

なんで、「やめて！」って、叫べなかったんだろう。

「ふざけんな！」って、すごめばよかった。オマエの頭、どーなってんの！　謝れ！　自分のしてること、おかしいと思わないいか！　「頭おかしい」って、言ってやればよかった。

扉の鈴は捨てました。だってあれは、家に他の誰かがいるなら、効果があるものだから。2人しかいないのだから、意味がない。窓から逃げようとしたけれど、窓を開けたら格子がついているので出られない。でも、窓を開けていれば、「助けて！」って言うことはできるから、いつも窓を開けていました。

誰にも、「助けて」って言えなかった。変な天秤ばかり、頭の中をぐるぐるする。強姦なら一回で終わる。でも父親からの性的虐待は、終わらない。せめて、これをしているのが、血のつながりのない継父だったらって、なんて天秤？　でも、実の父親だしって、沙織、オマエも頭おかしいぞ。

継母にも、ちくってやればよかった。あんたら2人、頭おかしいぞ！って。

誰かに打ち明けられていたら……。今になって思う。あの時の私は、精神科に入院するべきだった、と。

父親にいろいろされている時に、感情をなくそうと思った瞬間がありました。

あっ、だから、私、どれが本当の自分か、わからなくなったんだ。

私の人生の目標は、20代で死ぬことなのだと、この時に決めました。

その時からずっと、死ぬことだけを考えて生きてきたんです。いろいろな死に方を、高校時代は妄想しました。飛び降りは、人に迷惑をかける。首吊りも。じゃあ、冷たい海に飛び込む。ああ、死にたい人のための穴が、そこにあればいいのに……。そこに落ちれば、誰にも迷惑をかけないで死ねる穴が。

父親からの被害を防ぐためには、継母に戻ってもらうしかないと思い、大嫌いな継母に、私は「どうか、家に戻ってください」とお願いしました。

継母が家を出ていたのは2か月ほどでしたが、その2か月で、私の心は凍りつき、完全に死にました。

そして家を出るためだけに、好きでもない男と結婚しました。継母に「あんた、父親と同じ男、選んでるよ」と言われた高校の同級生が、私の夫となるのです。

沙織さんの魂は殺された

沙織さんは、両手で頭を抱えてテーブルに突っ伏した。肩を震わし、喘《あえ》ぎながら、苦しそうに呻く。

「天井だけ、天井だけ、見てたんです。昼が気持ち悪くて、もう、硬直して……」

震える沙織さんの肩をさすらずにはいられない。

父親はすでに亡く、あれから40年近くの時が経っているというのに、沙織さんの心はすぐに血を噴き出す。まだ、何も終わっていないし、傷口に何とかできた瘡蓋《かさぶた》はいとも容易にすぐ、剝がれ落ちてしまう。

「自らの欲望を優先させた結果、娘を用いて自らの性欲を満たしました」

富山県で実父から高校生の時に性的暴行を受けた女性が、23歳で父親を告訴し、逮捕にまで至ったケースの父親の「反省文」だ。その後、この父親は、行為を認めたうえで、「娘は抵抗できない状態ではなかった」と述べ、無罪を主張した。自らの歪んだ欲望の結果、娘にどれほど深刻な傷を一生背負わせてしまったのかを自覚することは、この鬼畜たちには不可能なことなのか。

性的虐待は「魂の殺人」と言われるが、まさに沙織さんはケダモノによって殺されたのも、同然だった。

「謝れ！」と、沙織さんは空に叫ぶ。父親は数年前に自殺して、他界した。それは生活がどん詰まりになったためであって、娘への取り返しのつかない犯罪行為を悔いてのことでは決してなかった。

『誕生日を知らない女の子』が出版された時、沙織さんはこんな一文を寄せてくれた。

〈トラウマとは、『心・魂の傷』です。

養育者から受ける魂の傷、これを背負っての生活は『恐怖』。死んだように生きる、生き地獄です。

トラウマとして刻み込まれた記憶は日常の些細なことで脳裏によみがえり、その度に脳を侵し壊れていく。気が狂いそうな自分を抑え込む。トラウマに人生を支配されてしまう。

安心して暮らしたい。

トラウマやフラッシュバックは生きるための安心感を壊し、生活の中にある連続性をストップさせ、思考、精神状態に多大な影響を与え、魂の動きを止めてしまうのです〉

あれから沙織さんはずっと繰り返されるフラッシュバックやトラウマに、ひたすら翻弄されるがままに生きてきた。フラッシュバックのたびに甦る恐怖、そして怒りにがんじがらめにされた人生。何度も、心が壊れそうになった。

高校時代、沙織さんは最大のフラッシュバックを経験した。それは、彼との初体験の時だった。

向こうが、あたしの家に勝手にやってきて。だって、昼間、両親がいないから。その時に、最後まで行ったんです。もう、ぼうっとして。そしたら、お腹に出されたんです。私、何が起きているか、わかんない。

でも、そのぬるい感触が、その時と一緒だったんです。

小学6年の夏、ススキが踏み倒された野原、軽トラック、そしてナイフ。最初は、彼氏が尿を漏らしたと思ったんです。

「おまえ、処女じゃないだろう。痛がりもしないし、出血もしないし、嘘ばっかりだ」

訳がわからないことを一方的に言われて、ものすごく、こいつが嫌になって、その時、「あっ」って甦ったんです。あの時、何をされたのかが。出されて、塗りつけられたんだ……。

バーッて逃げていった。走って、走って、私、あの時、短パン穿いてた。あの時の、あの恐怖……。全てが甦った。逃げないと、逃げないと……。

だけど、私は結局、この最低の男と結婚するのです。「初めての人と結婚すべき」という古臭い考えもありましたが、家という地獄から抜け出すための唯一の手段が、この男との結婚だったからです。自分を大事にしてくれる男ではないと内心、わかっていました。

では、死ぬことしか念じていない19歳の私に、地獄から抜け出す術《すべ》が他にあったでしょうか。

手っ取り早いなら、私は何でもよかったのです。

第三章

結婚

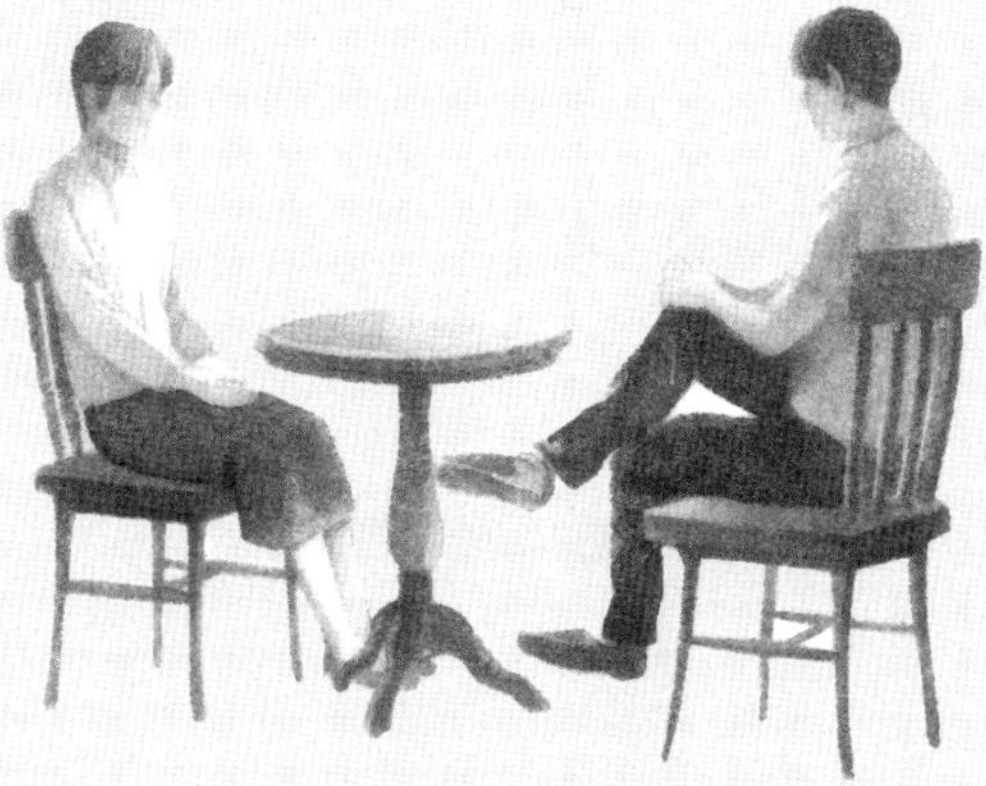

――沙織

なんでこんな人と結婚したんだろうと、後悔の念しかありませんでした。

私は20歳で結婚しました。それは、恋愛感情があって好きな人と一緒にいたいという願いとは無縁な、むしろ、そんなことはどうでもよくて、とにかく早く家を出るための手段としての結婚でした。

夫となった人は高校の同級生で、17歳の時に強引に性行為を迫られ、その結果として不本意であっても、レイプ以外の形で、初めて性行為をした人でした。だから、私はそれで結婚したようなものです。初体験をした人と結婚しないといけないという古めかしい考えが、当時の私にはありました。どうして、そんな愚かな思いに囚われていたのでしょう。だってその男との性交は、小6の夏に何をされたのかを初めて知ったという、フラッシュバックに翻弄された恐怖そのもので、しかも行為後、「おまえ、処女じゃないだろう」と罵《ののし》られまでした、最悪の体験だったのに……。

私はなぜ、そんなチンケな経験を「初めての人だから」と、後生大事に思っていたのでしょう。だって、その思いがあったからこそ、プロポーズを受けたわけですから。今なら「いくら手段とはいえ、あんなヤツ、やめとけ。沙織のバカ」と、当時の私に声をかけたくてたまりません。

そのまま別れていれば

その男のことを、仮に「河上」と呼ぶことにします。

私と河上はその流れで付き合うことになったのですが、〝劇団家族〟は門限が厳しく、高校生になっても中学時代と同じように友達と遊ぶことが禁止されていました。ですから、河上と2人で会う時間を作るのは大変でした。私は、「京都のおばあちゃんとこに、遊びに行く」と言っては、河上とラブホテルに泊まったりしていました。「京都のおばあちゃん」とは、小学生まで私が育った、里子村のお寺の「おばあちゃん」です。実際、私は長期休みには京都のお寺に「帰省」していましたし、そこに泊まると言えば、父親からも継母からも文句は出なかったのです。そして河上の家は、息子が外泊しようと、両親は何も気にしないような家族でした。

高校卒業後、私は大学に進学せずに、インテリアコーディネーターの専門学校に通うことにしました。そんな分野で仕事ができればという思いがあったからです。

その後、一度、河上と別れています。それは、河上の浮気を知ったからでした。

高校を卒業しても、私の門限は夜の10時でした。私と会う時間があまりない河上は、別の女とラブホテルに泊まりに行ったのです。河上の行動自体、不審なところはあったものの、私はそれほど河上と会いたいわけでもなく、河上が何をしようとどうでもよかったのですが、その女がわざわざ、私に河上と寝たことを匂わせてきたのです。そうして浮気がわかった以上、私は河上を許すことができず、別れることにしました。その頃には、河上のあまりにも自己中心的な態度に嫌気もさしていたのです。

そのまま別れていれば、よかったのに。

そもそも、その女は高校のクラスメイトで、さほど親しいわけではなかったけれど、一応、私の友達でもありました。よくも友達の彼氏とそんなことができるものだと、私は電話で問い詰めました。きっちり尻尾を摑んでやろうとしたのです。

「ねえ、河上と泊まりに行ってない？」

「行ってないよ」

「なんで、嘘つくの？」

「いや、行ってない」

この口調で、クロだと確信した私はカマをかけました。

「あのねー、私、全部、知ってんの」

途端に電話の向こうで高笑いが聞こえ、笑いを堪《こら》えながら彼女はこう言いました。

「だってさー、嘘つくの、当たり前でしょ」

高みから、私を見下す笑い声。完全に、私をバカにしている。迷うことなく、即座に彼女は復讐の対象になりました。

ジキルとハイド

私の中にはいつからか、〝ジキルとハイド〟がいるようになりました。普通の沙織と邪悪な沙織という、真逆な人間が私の中に棲んでいるのを、私はどこで自覚したのでしょう。例えば小学1年生の時には、親に可愛がられている幸せそうな子どもへの殺害計画を、真剣に妄想する私がいました。いや、それは妄想というレベルではなく、実行寸前まで進んだものでした。

不意に、凶暴な人格が現れることを私は知っています。高校生の時も学校の帰り道で急に怒りが込み上げ、路上に置いてある自転車を思いっきり蹴飛ばしたことがありました。それが自転車だったり、ゴミ箱だったり、車のバックミラーを蹴り折ったり……。凶暴な嵐が心に巻き起こると止まらなくなって、気が済むまで蹴り続けるのです。楽しかった。多分、その時の私は〝悪魔〟です。

通っていた専門学校では、化学の実験の授業がありました。そこに、試薬として硫酸があったのです。私はその硫酸をなんとか、くすねることができないか、あの手この手を考えました。店や友達の家で物をくすねることは小学校からずっとやっていたことですし、そこに罪悪感はありません。私は何としても、その硫酸の小瓶が欲しかった。河上と寝た女、私を見下し、バカにした女の顔に、思いっきりかけてやるためです。それが、私の復讐計画でした。

でも、硫酸の管理は非常に厳しく、くすねようとするたびに、「沙織さん、何をしているの？」と先生に不審がられ、手に入れることは叶いませんでした。そのたびに、地団駄を踏みました。

河上は別れてから、私を執拗に追いかけてくるようになりました。成人式は地元の中学校の学区でやったので、その後に友達と食事をするのをすごく楽しみにしていたのに、河上がいきなり彼氏ヅラしてやってきて、台なしになりました。どうして私の楽しみを、自己チューで潰しに来るのか。その頃から、河上のことは嫌だと思っていたのですが、結婚しようと言われて受け入れました。最初にお話ししたように、結婚はひたすら家を出るための手段でしたから。

河上は勝手に結婚式の日取りも住む家も決めてしまい、私は唖然としました。私の都合も希望も、一切無視。そんな結婚準備の中、私の両親がこれだけはやれと言うので仕方なく、親族に結婚の挨拶をする食事会を持つことにしました。

その食事会の日に、河上はパチンコに行ってくると言い出したのです。パチンコ、競馬、酒、タバコと全部やる男でした。

「なんで？　もうすぐ家を出ないといけないのに」

「まあ、ちょっとぐらいならいいだろ。遅れても」

「ダメでしょ。みんな、私たちのために集まってくれているのに。店も、きちんと予約してるのに」

私はわんわん泣いて、河上を引き止めました。それでも河上はパチンコに出かけて行き、案の定、遅れて食事会にやってきたのです。私はずっと目を泣き腫らしたまま、河上の到着を待つのみでした。

その場には、継母の弟も来てくれました。私のことをすごく可愛がってくれた継母の弟は、河上と2人きりになった時、こう聞いたそうです。

「河上くん、沙織のどこが好きなの？　なんで結婚するの？　沙織と」

「いや、なんとなく」

この適当な返答に継母の弟は怒って、質《ただ》したそうです。

「気まぐれで、結婚、決めるな。いいか、沙織のこと、ちゃんと幸せにしろよ」

河上はこの言葉にカチンときて、すぐに私のところに駆け寄ってきました。顔中、怒りで真っ赤にして。人から何か小言を言われるのが、よほど嫌なのでしょう。怒り心頭とばかりに、河上は私を責めました。

「おまえの叔父とか知らねえけど、あいつ、何なんだよ！　ふざけるな！」

信頼していた叔父を罵られ、私はもうボロボロに傷つきました。叔父だけは私のことを気にかけ、大事に思ってくれていた人でした。だから、河上のいい加減さを許せなかったのです。

そんな大事な人をボロカスにコケにする河上の言葉は、私の心をぐさぐさに突き刺したのです。

北海道への新婚旅行でも私は一方的に振り回され、偉そうに指図され、楽しい思い出など一つもありません。

「あんた、父親と同じのを、選んでいるよ」

河上を紹介した直後、継母から言われた言葉です。

「ううん、違う」

「違わない。あの子、あんたの父親と一緒だよ。あんたはもう、片目でしか見てない。そっくりじゃないの」

絶対にそんなはずはないとその時は思いましたが、そう思ったなら、もっと止めてほしかったという気もします。もっとも、どんなに止められても、結婚はやめなかったでしょう。私はそもそも、継母の言うことなんか信じていなかったし、家を出る方が何よりの優先事項だったのです。

「あのねー、申し訳ないけど、あんなのと結婚しても幸せになれないし、お金だって、苦労するよ」

継母が見抜いた通りでした。ほどなく、私はその事実を突きつけられることになるのです。

「あんたが、エリートの社長さんとかと結婚する時に、恥をかかないようにって、１０００万貯めたけど、これももう、使う必要なくなったわ」

継母の言うことが本当かどうかわかりませんが、その後、継母は自分のために大きなパールの指輪を買っていました。

河上はアルバイトをしていた八百屋を暖簾《のれん》分けされ、自営で八百屋を生業としたのですが、収入はほぼなく、やがてネズミ講まがいのネットワークビジネスを始め、その頃から全然、家には帰ってこなくなりました。八百屋を手伝っていた私は、苦情の電話対応に追われるばかり。全て、河上の勧誘がしつこいというクレームでした。クレームに妻として謝りながら、ほとんど売上のない八百屋を一人で任される、それが私の結婚生活だったのです。

八百屋の収入では食べていけないので、私はある大学が経営している宿泊施設で受付事務の仕事を始めました。大学職員になれれば安定した仕事なので、正職員の道を望みましたが、それはなかなか開かれることはありませんでした。

私はまた、殴られて蹴られている

河上と別れるきっかけは、夜の営みのことでした。私は性行為が好きではなく、何か怖いことを思い出さないよう、感情を殺して応じていました。高2の夏、父親のヤニ臭い息や、ずっと見ていた天井を思い出さないように、祈るような思いで……。

河上には、それが気に入らなかったのです。

「おまえ、いつか言おうと思っていたけど、ただの、まな板の鯉、なんだよ！　おまえとやってても、面白くも何ともないんだよ！」

行為の最中、突然、バーンッて身体を投げられ、足で蹴られ続けました。ああ、父親と一緒だ。私はまた、殴られて蹴られている……。

「おまえなー、ちっとも、面白くないんだよー！」

こう言い放って、河上は家を出て行きました。出て行く時に振り返りもせずに、こう言い残して。

「もう、離婚しよか」

私はそうしようと思い、一人で暮らす家を決め、引っ越しの準備をして、必要事項を記入し、判を押した離婚届を置いて家を出ました。アパートを借りるには保証人が必要なため、父親に電話をしたら、離婚したことがわかってしまいました。「一旦、家に帰って来い」と言われたので、しばらく実家にいることになりました。

河上からは、毎日しつこく電話がかかってきましたが、それは、継母が対応してくれました。その頃、私はもう自分が保てないような精神状態でした。

「沙織、いますか？」

「離婚したんでしょ」

「本当にするとは思わなかったんです」

「何、言ってんの。もう離婚したんだから、かけてこないで」

河上はしつこく、私に代わってくれと言っていたようですが、継母は頑として受けつけませんでした。でも一度だけ、電話を代わったことがありました。継母への平身低頭な態度から一転、傲慢な割れんばかりの声が受話器からガンガン響いてきました。

「おまえ、何、考えてんだよ！　本当に出て行くヤツがいるかよ！　うちの母親も言ってたよ。『血のつながりのない人間に育てられた子って、こんなこと、やるんだね』ってさ。ふざけんな。このアホ、ボケ！　おまえ、本当にもう、どうしようもないヤツだなー」

大声で一方的に怒鳴りまくられ、私は震えていたんだと思います。継母が、受話器をひったくりました。

「あんた、いい加減にしなさいよ！　何の電話なの？」

「いや、エアコンのリモコンがなくて、どこにあるのって聞こうと思ったんです」

「そんなもの、自分で探しなさいよ。リモコンだけ持って、家を出るわけがないんだから。しょうもないことで、もう、電話かけてこないで」

これで、河上とは終わりました。電話がかかってくることはなくなったのです。

河上との最後の性行為は、無理矢理に下半身だけ脱がされて強要されたものでした。それが、一緒だったんです。小6の夏、ススキを踏み倒した野原でされたことと。その時の光景がゴォーッと思い浮かんで、放心状態になっている中、行われた行為でした。そして、その後の罵りと、激しい暴力。

継母がすぐに見抜いたように、父親と一緒の男を私は選んでいたのです。

「もうちょっとだけ、辛抱してよ」

一度目の結婚相手の話を聞くのは、これが初めてのことだった。最初の取材から十数年、たまに会っては杯を重ねてきたけれど、どんな結婚生活だったかは、話に出ることがなかったからだ。

河上さんとの細かいやりとりを思い出し、話してくれる沙織さんの表情に、どんどん疲労の色が堆積していく。それは河上さんへの怒りなのか、自分への嘲りなのか。疲れ果て、重く沈んでいく沙織さんの口ぶりに、そこまで詳細に過去に立ち返らなくていいからと、遮ってしまいたい衝動に何度も駆られた。それは、あまりにも一方的なDV夫との日々だった。

家を出るための目的で、最初から離婚を考えた「割り切った」結婚だったと沙織さんは話すものの、沙織さんの性分なのか、その仮の場であっても、彼女は一生懸命、頑張るのだ。採算が取れない八百屋なんて投げ出せばいいと思うが、ネットワークビジネスでそっちのけの夫に代わり、仕入れをして、店を切り盛りする日々を送ったのだ。

そんな日々の中、沙織さんは河上さんの祖母とは仲良しになったという。きっと、優しい人だったのだろう。沙織さんはそうやって周囲の人間関係を大事にする人なのだと改めて思う。

河上さんの横暴に、沙織さんは苦しくなり、祖母にそっと打ち明けた。

「おばあちゃん、私、もう結婚、無理みたい」

「そっか、そっか。でも、もうちょっとだけ、辛抱してよ」

そう言われると、沙織さんは「わかった」と答えてしまう。そして、もうちょっとだけ、「おばあちゃん」のために頑張ろうと思うのだ。それは、DVに耐えるということに他ならない。すでに早い時期に、「父親と一緒の男だ」とわかったというのに……。

河上さんの話は、そろそろ終盤だった。重たそうな語り口に、もうここまでだと私も思った。終わりが見えた沙織さんの表情が、パッと切り替わる。イタズラっぽい少女のような眼差しで、何か、オチを探す。それがまた、沙織さんでもあった。

「一度だけ同窓会で会って、河上は二度目の結婚も、娘が20歳になった時に奥さんが出て行って離婚されて、一人で暮らしていた。この際だから、友達の前で河上のこと、全部、バラしてやろうって思って、みんなの前で河上を指差し、『私、めっちゃ、大変だった』って言ってやり、クラスメイトの女とラブホに行ったこともバラしてやった。精一杯、言いたいこと言って、それで一応、スッキリしたのかな」

これが、一度目の結婚だ。それは沙織さんの中で、ストンと終止符が打てるものだった。

退職1週間前の出会い

離婚後しばらくしてから、私は念願の一人暮らしを始めました。ワンルームで家賃は5万7

000円、ユニットバスと寝るところだけのマンションの小さな一室が、私だけの空間となったのです。

もはや家を出るための結婚は、過去のもの。大学の宿泊施設で受付事務をしながら、一人でのびのび暮らしていました。私にとってはこれまで生きてきて初めて、これが自由だと思える暮らしでした。それでも一方では、「何もかも、どうでもいいや」という、生きていくことへの無気力な思いはこれまでと変わらず、私の底には流れていました。

高校の時、20代で死ぬことが、私の目標とする生き方だと決めたこともあり、自由を謳歌するよりも、死ぬことが頭から離れることはありませんでした。

世の中が不景気となり、私は大学の正職員になるどころか、人員削減の対象となり、3月末で退職しなければならなくなりました。24歳の時でした。

そしてあと1週間で辞めるという時に、次の夫となる滝川惇と出会ったのです。

そこには運命的なものなど一切なく、滝川は大学の宿泊施設にリネンや布団を納入する出入り業者として、ただ顔を合わせ、挨拶をしただけの人でした。

ある日、滝川は私が5時に帰ることをわかっていて、外で私を待っていました。そして、声をかけてきたのです。

「お疲れさまです」

驚きましたが、こう返しました。

「あっ、お疲れさまです。あのー、前の担当の方と交代なされたのですか？」

「まっ、ちょっと、臨時で来てるんです」

「あっ、そうなんですね。私、来週で辞めるんです」

「ええー!?」

この時はこんな会話で終わりましたが、滝川は数日後、受付に電話をかけてきたのです。

「あのー、ごはん、行きませんか?」

「あっ、はい」

いつからか人の顔色をうかがって生きる癖がついている私は、「ノー」と言うことが苦手で、つい、「はい」と口から出ました。

「では、5時過ぎに、すぐ近くの電話ボックスの横で待っていますね」

そこで、滝川から携帯電話の番号を書いた紙を渡されました。当時、携帯電話を持つ人は珍しい時代でした。

携帯電話を持っている人なんだ。携帯の番号を渡されたことが驚きでしたが、誘いに乗るつもりはなかったのでこう言いました。

「ごはん、じゃあ何人かで、今度行きましょうね」

これで滝川は、完全に私に断られたと思ったようでした。でも私、なぜか、携帯に電話をかけたのです。部屋に電話をつけていたので、家からかけて、それで2人で会うようになり、食事にも行くようになりました。

当時、私は二度と結婚する気もなかったし、まして子どもを産むなんて考えられませんでしたから、滝川には最初から、そう断っておきました。滝川もいろいろと女の子と遊んでおり、恋人という関係では一切ないまま、たまに会って、食事をしたりしていました。

それでも一度、プロポーズをされたこともありましたが、そんな気はないので、きっぱりと断りました。

私が大学を解雇されたことを知った父親は、栄養士の国家資格を取る専門学校に通えと言い出しました。

「これから一人で生きていくには、資格が必要だ。学費は出してやるから、行け！」

迷惑な話でした。私はインテリアコーディネーターの資格を生かして、カーテン屋さんで働こうと思っていました。もちろん、継母のカメラ屋の手伝いなんぞ、はなからお断り。

それでも父親がうるさいものだから、しょうがなくテストを受け、なぜか合格したため、嫌々ながら専門学校に通うことにしました。でも、学費を出すと言ったくせに、父親は一切、出しません。総額２００万、私の貯金は１００万ほど。全然足りないので、水商売をすることにしました。家賃に水道代と光熱費、食費もあるのに、そこに学費です。貯金を崩していましたが、足りなくなるのは目に見えているので、夜の仕事しかありません。決めたのは、繁華街の高級クラブ。同伴のノルマもなく、時給で働けるところが私には合っていました。

昼間は学校、夜は水商売。終電で帰り、寝るのは深夜1時か2時。睡眠不足とお酒で身体がボロボロになっていたのですが、そんな時、よく滝川が車で迎えに来てくれました。

いつもは仕事の後も割としゃんとしているのですが、ベロンベロンに泥酔し、もう歩けないとなった時がありました。たまたま警察署があり、玄関に立っていた警察官に頼みました。

「すみません、横でちょっとだけ、休ませてください」

「まだ電車が走っているから、帰りなさい」

「帰れないんです。どこで乗り換えするか、何もわからない……」

「じゃあ、おうちの人を呼びますから、電話番号を教えてください」

　そこで伝えた番号が、滝川の携帯でした。滝川は車でやってきて、ヨイショッて私を抱えて車に乗せ、私の家まで送り届けて、そのまま帰りました。何もせずに。

　その時です。ああ、この人、いいかもって思いました。シュッとしたイケメンで、スタイルも良く、顔も体型も何もかも好きだと……。

死ぬのをやめよう

　そこから、私たちは付き合うようになりました。私は自分のマンションに滝川を入れることはしなかったので、ラブホテルに泊まって、ただ一緒に過ごすということをしていました。性行為をするのは、どんなに好きになっても嫌でした。性行為をすることで、嫌な思いが甦るのが怖かったから。

　初めて一緒に泊まった翌朝、歯磨き粉を泡だらけにして歯を磨いている私を見て、滝川は可愛いと思ったそうです。取り繕うことをせず、何も隠さず、ありのままでいる人なんだと。私はただ、いつものように歯磨きをしただけなのに。

相思相愛になれたというのに、性行為だけは無理でした。手をつなぐくらいなら大丈夫なのですが、一度、触られた時、脇腹や腕などに手形の蕁麻疹《じんましん》がばーっと出て、それをポリポリ掻いていたら、滝川はかなり驚いたようでした。

「何、それ?」

「もう、だから、触らないで欲しいの」

「ごめん、ごめん。嫌だったら、全然、いいから」

「なんか、私、ちょっと男性が苦手みたい」

滝川の中でこの時、いろいろなことがつながったように感じました。

なるほど、だから、性的な場面にならないようにしていたのか、それで結婚する気はないと言っていたのか、と……。

ああ、この人にはちゃんと話さないといけない。「この人には言っておかないと」と、はっきりと思いました。

前の結婚の時も、里子村で育ったことや実の母を知らないことなど生い立ちについては、河上とその家族にも話しました。その時には河上もその家族も、「そんなもん、関係ないよ」と言ってくれたのに、離婚した時にはこう言われました。

「血のつながりのない人に育てられた子どもは、あんなになるんだね」

話したところでいいようには思われないのだから、生い立ちについては金輪際、誰にも話さないでおこうと決めました。別に、言う必要もないことだし……と。

翌朝、私は滝川に生い立ちを話しました。京都の里子村にあるお寺で生後すぐから育った、いわば施設育ちであること。中学から実父に引き取られたけれど、実父と継母から、それぞれ虐待を受けたこと。だから家を出るためだけに結婚し、一年足らずで離婚したこと、二度と結婚しないと決めたこと……。

ただし、父親から性的虐待を受けていたことだけは話しませんでした。それを言ってしまえば、結婚どころか、滝川が去ってしまうかもしれないと思ったから。ずっと死にたいと思って生きてきたことは、言ったかどうか忘れました。

滝川はありのまま、受け止めてくれました。そんなことはどうでもいいことだと。私は滝川と会って初めて、自分が人として尊重されるということを知りました。

やがて、最初は嫌だった性行為も、少しずつ大丈夫になってきました。

「ねえ、ちょっと、ここ、お腹とか、触ってみて」

そうやって、まるでパッチテストのように「もう、大丈夫かな」と試していったのです。

滝川と初めて性交した時、性行為とは、相手を心から愛しいと思う気持ちの延長線上にあるものなのだと感じました。お互いに思い合えているんだという喜びとともに、私は性行為を受け入れました。

滝川と会ったことで、私は死ぬのをやめようと思いました。子どもが欲しいとも思いました。

もしその時、死にたい気持ちの方が勝っていたら、私は付き合いもしなかったし、結婚もしなかったと思います。

愛おしくて、愛おしくて

継母は「父親と同じ」とは、滝川に関しては言いませんでした。

でも私、継母のことが嫌いなのに、なんで、滝川を継母に紹介し、一緒に食事なんかしたんだろう。「旦那さんになる人を紹介しないと」って、きっと思っていたのだと思います。それで、滝川と3人で、何度か食事をしました。私、祝福してほしかったのかな？　だけど、継母の意地の悪さは何も変わってはいませんでした。

「滝川さん、この子ね、隠れ肥満なのよー」

こんな皮肉を言ってはその場の笑いをとろうとして、私はものすごく不快でした。私は好きな人とこうして一緒にいるのに、なんで、わざわざ、そんな嫌なことを言うんだろうって。そんな意地の悪いことを言うのが、継母には楽しいことで、そこは父親と同じでした。もちろん、父親にも滝川を紹介しました。その時も父は、兄のことをけちょんけちょんに貶《おと》して盛り上がろうとするわけです。

「お兄ちゃんを蹴落として、私が褒められても、ちっともうれしくない」

父親にははっきり言いましたが、何も響いてはいませんでした。

この頃には父親と継母の仲は最悪で、2人は離婚したばかりだったと思います。滝川は継母に結婚式に参列してほしいと熱心に頼んだのですが、父親と同じ空気を吸うのが嫌だと、頑として受け入れようとはしませんでした。

一方、滝川の両親は新興宗教の熱心な信者だということでした。今なら、滝川は宗教二世ということになるわけですが、当時の私にとっては、それもどうでもいいことでした。

私は滝川を心から愛しいと思い、結婚しました。

これ、結婚式の写真です。パパ、かっこいいでしょう？　爽やかでしょう？　私のドレス、型落ちのものを1万5000円で買ったんですよ。これは、百均の手袋。

本当に好きでたまらなく、私は滝川と結婚したのです。愛おしくて、愛おしくて……。

沙織さんが見せてくれたその写真は幸せに満ちた、光り輝く、愛に溢れた写真だった。

もともと「べっぴんさん」の沙織さんはこの時、30歳。ウエディングドレスに身を包み、美しく艶やかに輝いていた。そして横には、〝爽やかイケメン〟の滝川さんの優しそうな笑顔。

まさに、〝幸せな結婚〟そのものが、一枚の写真にくっきりと切り取られていた。

実母に会いに行く

実は私、結婚する前に一度、実母に会いに行っているんです。実母の居場所は一度目の結婚の時にちょっと辿っていて、どこにいるのかはわかっていました。

結婚する前に、とにかく会いたい、どんな人か見てみたいという漠然とした思いが大きくなり、兄に一緒に行こうと誘いましたが、会わないというので、一人では不安なので、高校の先輩に付き添ってもらい、実母が再婚して暮らしている家を訪ねました。

インターホンを押すと、「どなたですか？」という女性の声が返ってきました。きっと、実母です。ドキドキ胸が高鳴って、声が思わず上ずりました。

「沙織です」

「どちらの？」

絶対、これでわかると思ったのですが、返ってきたのは……。

えー、えー、どうしよう、どうしよう。一瞬、パニックになった私を察し、すかさず、先輩が代わって言ってくれました。

「もし間違いでなければ、あなたの娘さんかと思います」

ガシャッと扉が開き、中年女性が出てきました。

「沙織ちゃん！」

そう言って出てきた女性に、いきなり抱きしめられました。何、このどんくさい演出？　わざとらしい、これが感動の再会？　この人、羞恥心とか、一切、持っていないわけ？

何度も「沙織ちゃん」と言われ、抱きしめられましたけど、私の身体は硬直するばかりでした。

「堪忍してねー、堪忍してねー」

泣きそうな声で何度もそう繰り返し、私の背中をさすり続けるのだけれど、娘だと気づきもしなかったのに、よくもこんなことができるものだと、吐きそうになりました。

「もう、やめてー！」

そう言って払い除けた手には、真っ赤なネイル。その毒々しさに、頭がクラクラしました。今、52か53歳。この人、まだ女をやっているんだと、また吐き気が込み上げました。

再婚した夫との間に、娘の由香ちゃんが生まれたそうですが、由香ちゃんは10年前、6歳の時にがんで亡くなったと実母は話しました。

「頭が痛いって、吐いてばっかりいるから、医者は頭ばっかり調べて、1年ぐらい経ってから、ようやく全身のレントゲンを撮ったら、がんが拳大《こぶしだい》になっていて、手遅れだったの」

「え？　私ならさっさと東京とか、専門医のいるちゃんとした病院に連れて行くけど」

「ああ、由香に会ってもらえたら、よかったねー」

何か、ピントがずれている、この違和感。だって、親の判断ミスで、助かる命も助からなかったんじゃないの？　何を呑気に、頭が痛いという由香を1年もその医者にまかせておいたわけ？　そのことの自覚って、ないわけ？　由香に対して、申し訳なさとかって、ああ、一欠片もこの人にはないわ。これで、母親？　動物がただ、子どもを産んだだけ。内省することも、客観視してみることも何もない。

おまけに、私のことを、何度も「由香、由香」と呼ぶ。

「ねえ、私、由香じゃないんだけど」

「あ、ごめん、ごめん」

1時間ほどとりとめのない話をして、はっきりわかりました。何を聞いても、こいつはただのバカなのだと。

「由香ちゃん、早く空に行ってよかったよ」

由香の仏壇に手を合わせ、私は心の中でそう語りかけました。私には腹立たしい思いしか、湧いてきませんでした。何を聞いても、自分の言い訳を繰り返すだけ。

「あの後、どうなったの」

それって、どこから？　この人は、どこからの「あの後」を聞いているのだろう。何にも知らないんだなー。この人、自分が産んだ子の「その後」を、今の今まで、知ろうともしなかったんだ……。

しょうがないので、私はお寺のことを話し、名前を聞かれたのでお寺の名前を伝えました。

「沙織ちゃん、いくつになった？」

実の母親に、こう聞かれました。はあ？　あなたが産んだ子でしょ。

「さあ、何歳でしょう？　それより、誕生日、いつと思う？」

私の誕生日は7月22日。いきなり出てきたのが、「5月」でした。

「違うか？　11月？」

こんなやつ、この世にいていいと思う？　こんなやつ、よく母親になったもんだ。そう、心から思いました。ただ産んだだけ、ほら、やっぱり動物。

「あっ、10月だ、10月……。違うわ。10月は、兄ちゃんだわ」

「兄ちゃん、10月の何日と思う？」

「兄ちゃんは5日、5か10のどっちか。兄ちゃんは今、どうしてるの？　兄ちゃん、どうしてるの？」

知るか。兄ちゃんは継母にも可愛がられていたし、実母もやっぱり、そうなのかと、少し兄に嫉妬しました。

「で、私は？　私の誕生日は7月です」

「あっ、そうそう。思い出した。暑い日だったわ」

「それで、何日と思う？」

「何日だったかなー。堪忍して。覚えてないわ。そうそう、暑い日だったわ。思い出した、23ぐらいでしょ」

惜しい！

もう一つ、実母には聞きたいことがありました。

「沙織って名前、知っていたよね？　それでも思い出せなかったんだよね、玄関で。ところで、沙織って名前、誰がつけたの？」

「それ、私がつけたの。いい名前でしょ」

「なんで、沙織ってつけたの？」

「自分の大親友で、すっごい素敵な子がいたの。その子が沙織ちゃんだったの。だから、その子みたいになってほしいって思って、沙織ってつけたのよ。漢字も全く一緒にして」

「でもその名前、忘れていたよね？　忘れるものなの？」

「ちょっと時間がかかったけど、思い出したでしょ」

「でも、その沙織って名前、私、大嫌いでさ」と言おうと思いましたが、もうどうでもいいと思いました。この人に、何を話してもしょうがない。沙織なんて名前、実際、どうでもいいものでしかないのだから。誰が、どんな思いでつけたのかも辿りようがない、まるで記号のようなものでしかなかったから。

実母と話した2時間弱で、私ははっきり思いました。この人に母親として育てられなくて、本当に良かったと。私の母親として、この人と一緒に生活することは、あり得ない。そう、つくづく思ったのです。

「子どもを2人、捨てた罰」

紺のジャケットに白シャツの襟を出し、カーキのチノパンを穿く、30歳の沙織さんがそこにいた。髪はショートカットで、スポーティーな印象だ。

沙織さんが、画像で送ってくれた古い写真。生後数か月で捨てられ、30年近い時を経て再会した母と娘の、その日の記念すべき写真だった。沙織さんの横には、沙織さんを両手でしっかり抱きしめる母親の姿。母親は、今にも泣きそうな弱々しそうな瞳をこちらに向けている。対照的に沙織さんは、満面の笑みだ。でも、鼻の周りが赤く、頬は少し紅潮し、泣いた直後のようにも思える。カメラを構えているのは、同行してくれた先輩なのか。感動の再会ではなかったし、「この人に育てられなくてよかった」と見限った実母の横で、沙織さんは精一杯の笑顔でカメラに向かう。自分のそんな感情より、周囲の人を大切に思う、彼女らしく。

実母の再婚相手の男性との、3ショットもある。由香ちゃんの父である男性はにこやかに笑い、沙織さんは実母との2ショットよりゆったりと男性に寄り添い、屈託なく笑っている。沙織さんを真ん中にくっつき合う笑顔の3人は結局、その後、家族になることはなかったわけだ。

実母の若い時の写真も、沙織さんは送ってくれた。丸顔で、古風な顔立ちの清楚な雰囲気の美人。でも、表情には何の感情も読み取れない。モデルのようにただ、そこに立つ女性。どこか、空っぽな印象。目鼻立ちのくっきりした沙織さんとは、似ているところが見つからない。

この写真を沙織さんが手にしたのは、最近のことだった。4年前に亡くなった実母のマンションの固定資産税の督促状が、沙織さんと兄の元に届いたことで、兄が司法書士とやりとりをし、実母のマンションに入った際にその写真を見つけ、沙織さんに送ってくれたのだ。

再婚相手の夫が亡くなってまもなく、実母は一人暮らしのマンションで亡くなっているところを発見されたという。孤独死だった。おそらく、後追い自殺なのではないかとも見られている。

他に、里子村のお寺の写真も兄から送られてきた。生き別れだった娘から「その後」を聞いた実母は、兄と沙織さんが預けられていた寺を夫と見に行ったのだ。20年前という当時、「おばあちゃん」も健在だったわけだが、会うことはできなかったと、実母から生前、沙織さんは聞いている。お礼を言おうと思ったが、迷った挙句、門をくぐり「おばあちゃん」に会うことができなかったと。その話が嘘ではなかったことが、確認された写真でもあった。皮肉なことに、実母の死後に。

「子どもを2人、捨てた罰として、由香が死んだ」

再会した時、実母は自分が捨てた娘にそう言った。

「そんなこと、ないよ」

沙織さんは、実母にそう声をかけたと言う。一体、どちらが親なのか。子どもを捨てた「罰」を、当の子どもに「そうじゃない」と否定してもらえて、実母は救われたのか。じゃあ、捨てられた子どもの思いはどこに行く？　里子村の寺を訪ねたのも、自分を慰めるためだったのだろう。せめてもの自分への罪滅ぼし、そんな薄情な母親ではないのだと自分で、そう思うため。だけど、そうじゃない。あなたには、もっとやることがあったはずだ。あなたが捨てた子どもはいくら成人したとしても、母親に捨てられたという傷を抱えたままで生きているのだから。

兄は沙織さんに一切の負担をかけず、実母のマンションなど残務整理をした後、夫婦で母のルーツを訪ねる旅に出た。その旅の様子は、リアルタイムで沙織さんに写真が送られてきた。トカラ列島の島と、そこに広がる大海原。それはなぜか、沙織さんには夢の中で見たことがある風景だった。20数年前、実母と会うことを拒否した兄は、どんな思いで、母方の祖母が生まれた土地に自らの足で立ったのだろう。

すべての親の、子どもへの愛が無償なのでは決してない。その逆なのだと、思わずにいられない。

30年生きてきて、自分を損ねる人間としか出会えていない人生だった。

しかし、これからは違う。今や、沙織さんの人生には滝川さんがいる。ようやく、自分をありのままに受け止め、尊重してくれる存在と巡り合ったのだ。

本当ならここから、沙織さんの人生は新たなステージを迎えるはずだった。沙織さんには十分に、幸せになる権利がある。その準備がようやく、整ったかに見えた。

第四章　母になる

——沙織

結婚した人に尽くすことは、私の夢でもありました。

夫となった滝川惇は初めて、私を人間として尊重してくれた人でした。私は滝川のことが好きでたまらなく、心から愛おしいと思って結婚しました。心からの幸せを感じました。それはこれまで生きてきて、初めて味わった感情でした。

残念ながら新婚生活は、2人だけというわけにはいきませんでした。滝川が長男だったこともあり、滝川の両親と同居しなければなりませんでした。同居を条件として、義父母は結婚を許したと滝川から聞きました。この経緯も、腑に落ちないものではありましたが、最初は同居も気になりませんでした。むしろ、家族が多くなってうれしかったし、滝川がいればいいと思っていました。

滝川の実家は間口が狭い細長い土地に建つ、3階建ての家でした。もともと滝川が結婚したら同居できるようにと建てられた築4年の二世帯住宅でした。でも、トイレと風呂、キッチンは別なものの、玄関は一緒という、完全な二世帯住宅とはいえない構造で、出入りのたびに義父母に気を使わないといけない環境でした。

義父母は新興宗教の熱心な信者でしたが、滝川と一緒になるだけですから、私にとっては宗教もどうでもいいことでした。あの人たちが、勝手に信じていればいいだけのことです。

義父は悪い人ではありませんが、宗教の話になると人が変わり、自分は特別な存在だと思っている、ちょっと傲慢なところがある人でした。でも私は、義父とはそれなりに仲良くなったと思っています。

問題は、義母でした。「長男の嫁は、姑に嫌われる」という、世間の常識に私は抗《あらが》いたく、義母といい関係を作りたいと望んでいました。継母に続き、「お母さん」と呼ぶ人ができたわけですが、今度こそ、「お母さん」とは仲良しになりたいと思ったのです。

義母はいつも苛立っていた

ところが、義母は難しい人で、いつも苛立《いらだ》っていました。結婚から20年以上が経つ今、義母とのやりとりを思い出してみても、いい思い出がほとんどありません。怒っているイメージしかないのです。それでも何か苛立った事情があるんだろうと、記憶をいいものに塗り換えようとしても、それができないのです。何か癪《しゃく》に触ったり気に入らないことがあると、ダイニングの椅子を投げたり、リモコンを床やテーブルに叩きつけたりすることがありました。何がきっかけで椅子を投げたのか、今、思い出そうとするのですが、何も出てきません。記憶に残らない些細なことで苛立ち、椅子を投げたり、リモコンを叩きつけたり、こちらの肝が縮むようなことをする人でしたから、義母と心穏やかに暮らすなんてことは到底、無理な話でした。

あの時は、なんとか苛立っている義母を宥《なだ》めようと努めましたが、義母という人は、幼稚な人間だったのだと今は思います。私に対する嫌味や妬みを平気で口に出してくるのが、義母の日常でした。当時の私は受け流すことなどできず、いつも落ち込んでいました。滝川に愚痴を聞いてもらうこともありましたが、こんな答えばかりでした。

「それって、本当のことなの？」

この鈍感さには、呆れるばかりでした。マザコンなのか、それとも波風を立てたくないだけなのか、私の気持ちを思いやってくれるなんてことは一切ありません。それどころか、滝川はわざわざ義母に私の訴えは本当なのかと確認することもあり、当然、私への当たりはさらにキツいものになるわけです。

玄関が共用でしたから、外に出るたびに、何か詮索されそうで、とても怖かったのを覚えています。トイレは別なのに音漏れなどが気になり、自分のトイレに行くことができず、使い捨てのトイレを使用していました。

いつも、下の階に住む義母のことを気にして、小さくなって暮らしていました。結局、継母といい、義母といい、私は「自分が我慢するしかない」同居人としか、住んだことがなかったことになります。

結婚して4年間は子どもができなかったので、2人でいろいろなところに旅行しました。滝川がトライアスロンに熱中しており、大会に出るために佐渡島、北マリアナ諸島のロタ島に2人で旅行を兼ねて出かけ、滝川が競技をしている時は、私は声をかぎりに応援しました。応援だけでも楽しかったのですが、大会が終われば観光地を回るなどして、2人だけでとても幸せな時間を過ごしました。お互いが愛し合っていることを、心から実感できた思い出深い時間でした。

結婚生活では、滝川から教わることもいろいろありました。

洗面所の鏡に石鹼の泡などが飛び散っても、私にはそれを拭くという習慣がありませんでした。そのようにすることを私は誰からも教わったことがなかったので、泡が飛び散って鏡が汚れても、私はそのままにしておきました。

「沙織ちゃん、ここ、拭いた方がいいよ」

滝川に指摘されて、ハッとします。

「あっ、ごめん。私、ちっとも気にならなくて」

私には、お風呂を洗うという習慣もありませんでした。継母と実父は湯船に浸かるということはなく、いつもシャワーで済ませていましたので、湯船を洗う必要はなかったのです。だから、私もお風呂はシャワーだけでした。滝川から「お湯、溜めといて」と言われて、湯船にお湯を張ることを初めて試みました。それ以降、お風呂にお湯を溜めて、それを抜くということはしていましたが、湯船を洗うという発想がなく、溜めたお湯にはいつも垢がいっぱい浮かんでいました。滝川は最初の頃は何も言わず、自分で洗っていたのですが、ついにこう言われました。

「できれば、お風呂、洗ってほしいんだ」

「洗ってるよ」

私はシャワーで流しているだけでしたが、それで洗っているつもりでした。

「ちょっと来て。ここ、ザラザラでしょ？　このザラザラを、タワシとかで落としてほしいんだ」

こういう「普通」の、「当たり前」の生活を、私はちっとも知りませんでした。「普通」も「当たり前」も、私のこれまでの人生にはなかったものでしたし、家事を教えてくれる大人も私にはいませんでした。

お寺では箸の持ち方も、髪の毛の洗い方も、洗濯の仕方も、何も教えてはもらえませんでした。何とか、自己流でこなしていただけなのです。

今だって、「普通」の人が行なうさまざまな家事を、私が全てできているかといえば、自信がありません。

滝川と出会い、結婚したことは、私の人生の大きな転機となったのは確かです。

人生で初めて、子どもを持ちたいと思うようになったのですから。まだまだ性行為は苦手でしたが、それは滝川を愛おしいと思う気持ちの延長線上のものであると感じていたので、怖いものが出てこないように頑張って行なっていました。愛の確認であると同時に、私にはやっぱり、子どもが欲しいという思いが強くあったのも大きかったと思います。ただ、下の階に義父母がいるのだと思うと、すっと喜びの気持ちが冷めることもたびたびでした。

夜泣き

30歳で結婚して、3年目に妊娠が判明しました。そして、34歳で母になりました。生まれたのは娘で、2人でいろいろ考えて「夢」と名づけました。

夢ちゃんは生後1か月までは、すやすや眠る赤ちゃんでした。赤ちゃんって、なんて育てやすいんだろう、なんで子育てが大変って言うんだろうと、すやすや眠る天使のような存在を眺めながら、心からそう思っていました。夫だけでなく、これほどまでに愛おしい存在が出現してくれたことに、感謝の思いしかないと感じていたはずです。

しかし、生後1か月を過ぎた頃から、ものすごい夜泣きが始まりました。それも、1時間ごとに起きるのです。夢ちゃんはちょっとした音でピクッとなって、ぎゃーっと、まるでサイレンのように泣くのです。その激しい泣き声が、容赦なく耳をつんざきます。一体、何が起きたのか、周囲をオロオロと見渡すほどでした。最初は訳がわかりませんでした。1時間ごとのいきり立つ絶叫に、耳どころか心も脳も、グサグサに突き刺されるようでした。少し寝てくれたかな、じゃ、私も一緒に寝ようと思ったところで、けたたましい泣き声に起こされるわけです。

まさに、サイレン。私は睡眠不足で、ヘトヘトでした。

こんな私の横で、明日も仕事だからと滝川は平気で寝ています。夫はいるけれど、完全なワンオペ育児でした。たった一人、途方に暮れるしかありませんでした。夢ちゃんが寝ないことはもちろん、滝川には言っています。しかし、そのことが私にどれだけつらい思いを強いているのか、滝川は考えようとも、わかろうとすらしてくれないことにすぐに気づきました。滝川は、こんな人間だったんだと情けなくなったのを覚えています。一つ屋根の下、家族3人の暮らしなのに、私は孤独でした。誰もいない、一人だと。

義母には、相談すらできません。いつも苛立っていますし、滝川にオムツを替えてもらっただけで、いちいち文句を言ってきます。

「私なんか、3人、育てたんだから」

これが常套句で、「旦那さんがオムツを替えるなんて、とんでもない」とわざわざ言いにくるような人だから、こちらもホルモンのバランスを崩してしまいます。余計に具合が悪くなってしまうので、義母には関わってもらわないのが一番だと、早いうちに思うようになりました。

最初は、助産師さんに相談していました。

「生後4か月になると、夜泣きはなくなるから」

一日千秋の思いで4か月まではとしのぎましたが、生後4か月になっても夜泣きは全くなくなりません。

「そのうち、自然と寝るようになるわよ」

この助産師さんの無責任な言葉には、殺意を抱きました。

子どもを持つ友人たちにも相談しました。運動させたらいいということで、寝不足のままスイミングに行き、一緒に〝赤ちゃんスイミング〟を試みましたが、眠らないことに変わりはなく、こちらがヘトヘトになるばかりでした。今にして思えば、周囲に言われるがまま、夢ちゃんにとってストレスになることを、わざわざ私はやっていたのです。

結局、1時間ごとに起きる夜泣きは、3歳まで続きました。3歳になってようやく、夜中に2、3回起きるだけになり、少しは眠るようになったのかなーと思えるようになったのです。

のちに判明したのですが、夢ちゃんは広汎性発達障害で、非常に感覚が過敏であるという特性があり、こだわりが強く、それが1時間ごとの夜泣きの原因でもあったのです。

先が見えない、地獄のような3年間でした。

誰が、私が歩いたのを喜んだ？

これまで学校でも成績はそこそこでしたし、仕事もテキパキとそつなくやれていましたから、私は自分のことをなんでも一人でやりこなすことができる人間だと思っていました。だから、育児も楽勝だと思っていたのですが、なんて甘かったことか。初めて自分の前に立ち塞《ふさ》がった、自分の力ではどうにもできない、歯が立たない壁。それが育児でした。楽勝どころか、完敗でした。

幸いにも、夢ちゃんが1歳になるかならないかの頃に、滝川が転勤となったことで、義父母の家を出ることができました。義母から物理的に離れたことで、精神的にはずいぶんラクにはなったのですが、1時間ごとに夜泣きで起こされる育児には変わりありませんでした。

夢ちゃんが、女の子だったからでしょうか。

育児をする上で否が応にも、夢ちゃんの成長の節目のたびに、私の生い立ちが思い起こされ、いろいろな感情が噴き出してくるようになりました。

夢ちゃんが歩いた！　うれしい！

そう思った瞬間、フラッシュバックに襲われました。

誰が、私が歩いたのを喜んだ？　誰が、私が歩いたところを見た？　誰もいないんだよ！

クリスマス、誕生日、七五三……、私には何もなかった。夢ちゃんの、1歳の記念すべき誕生日。バースデーケーキを用意しようと思った瞬間、胸がかきむしられるような衝動が込み上げてきたのを、今もよく覚えています。

誰が、私が1歳になったことを喜んだ？　祝ってくれた？　私には誰もいなかった！

成長を感じるうれしい記念日に、私の中から怒りのマグマが噴出してくるのです。してもらえなかったこと、顧みられることがなかった私の生い立ち全てが、夢ちゃんの成長の節目節目で、私に苦しみを呼び起こしてきます。

幼い沙織ちゃん、あなたには何もなかった。夢ちゃんはここまでしてもらえているのに、平気でプレゼントに文句を言う。ふざけんな！　怒りの矛先が自然と、夢ちゃんに向かってしまうのを、私は抑えることができませんでした。

「こんな子、産まなければよかった」

いつからか、心の中の口癖になりました。


世の多くの母親たち同様、その地獄の一端は私にもわかる。もう大昔のことになるが、夜中に数度の授乳が続いている間、未来など何も見えないような気がしていた。ただただ、目の前の赤ん坊が、この授乳が済めばそのまま、すやすやと眠ってくれることだけを念じていた、出口のないトンネルの中にいる閉塞感に押しつぶされそうな日々。出産前に予想すらできなかった、赤ん坊が眠るか眠らないかが全てだった日々は、大袈裟と言われようとも、絶望のとば口に立たされているようなものだった。

しかし、沙織さんが味わった3年にも及んだ苦しみについては、「わかる」なんて口が裂けても言えるわけがない。「たかが夜泣き」、「夜泣きごとき」でも断じてない。

失明の恐れ

夢ちゃんは3歳になってようやく、夜中に2回か3回、起きるだけになりました。やっと少しは寝るようになったかなーと思えた頃、夢ちゃんに気になることがありました。右目の瞳が外側にずれるので斜視かなと思い、病院に連れて行きました。単なる斜視かと思っていましたが、ことはそれで済むものではないらしく、すぐに大きな病院に行ってほしいと言われました。半信半疑でビクビクしながら、紹介された大学病院に夢ちゃんを連れて行きました。

夢ちゃんの両方の目の検査をした医師は、厳しい眼差しで言いました。

「一刻も早く、入院してください。このままだと、失明の恐れがあります」

その場で、夢ちゃんは検査入院となりました。

「両方の目とも、手術が必要かもしれません。開けてみないとわかりませんが」

怒濤のような展開でした。私はなすすべもなく、オロオロするばかりです。こうして夢ちゃんは緊急オペとなり、左目を手術しました。手術の結果、事実が判明しました。

「右はもう見えていないので、左だけ、レーザーを打ちました。家族性滲出性硝子《がらす》体網膜症です。遺伝性です」

100%、私からの遺伝でした。私は視力が0・2あったので、これまでなんとか不自由しないで暮らしていたのですが、私もレーザーをあて網膜を貼りつけておく処置をされました。そうすると、網膜が剥離しにくくなるからです。何もしないでいると剥離が進んで、ある日、突然、視界が真っ暗になっていただろうと告げられました。

夢ちゃんの右目は生後に剥離したのか、生まれつき剥離していたのかはわからないと言われました。

この診断を受けて、思い当たることがありました。絵本を開くと、夢ちゃんはカラスの黒色をよく触るし、カラーボールも黒ばかりを摑んでいました。周囲からはメンタル面を心配されたのですが、夢ちゃんには黒が一番見えやすい色だったのです。

緊急手術をした病院からは、すぐに失明を防ぐ手術をした方がいいと勧められ、エキスパートの先生がいる東京の病院に入院しました。滝川も一緒に来てくれましたが、この入院期間中に、2人目の妊娠がわかったのです。夢ちゃんの目のことがあったので、2人目は止めようと話していた時に皮肉にも授かったのです。

せっかく授かった命です。滝川と話し合って、産むことを決めました。

そうして産まれてきてくれた海くんでしたが、海くんの目は、夢ちゃんよりもっと重症でした。生まれてすぐに、「全盲です」と宣告されました。

私は泣き喚くしか、ありませんでした。ショックで取り乱す私を、滝川がなんとか宥《なだ》めようとしてくれました。滝川が宥めてくれても、私は自分を宥めることはできませんでした。海くんの目が見えないのは、全て私が悪いのです。自分を責めることしか、私にはできません。

ただ、全盲と言われましたが、海くんはどこで見ているかわからないのですが、なぜか、見えてはいるのです。

海くんのお宮参りの日、滝川の両親もやってきました。私は滝川に、義父母にはお宮参りの前に全盲で生まれたことを話しておいてほしいと頼んでいましたが、滝川は「うん、わかった」と言いながら、全く話していなかったのです。

生後すぐに産院にやってきた時には、義母にこう言われました。

「3代目を産んでくれて、ありがとう」

男の子だからでしょうか。夢ちゃんの時にはこんなこと、言われませんでした。なのに、お宮参りの日、義母はこう言い放ちました。

「何、この子、めくらじゃない！　目がギョロギョロして、めくらでしょ！　どうするの？　これからどうやって、育てていくのよ」

語気荒く、一気に捲《まく》したてられて、お祝いも何も、めでたいお宮参りは呆気なく吹き飛びました。「だから、先に言っておいてよって言ったのに」と、滝川を深く恨みました。いたいけな赤ちゃんに、どうして、こんな酷い言葉を浴びせかけることができるのか。海くんはこんなに愛おしく、天使のように無垢でかわいい存在なのに。

怒りの衝動

生後間もない海くんと、3歳の夢ちゃんとの生活が始まりました。

夢ちゃんは3歳で幼稚園に入ったのですが、幼稚園を嫌がって、連れて行っても大泣きして、家に一緒に帰ることがほとんどでした。滝川に送りを頼んでも、夢ちゃんの大泣きにお手上げで、家に連れて帰ってくるのです。父親でありながら、何の役にも立たないので、しょうがなく私が連れて行こうとすると、夢ちゃんはもはや頑として玄関から動きません。一度決めたら、絶対に変えないという、頑固な面が夢ちゃんにはありました。

例えば、こんなことがありました。私と滝川が風邪をひいて熱があった日に、夢ちゃんは「スーパーに行きたい」と言い出しました。私たちが「具合が悪いから、今日はやめておこうね」といくら言っても、「絶対にスーパーに行く」と夢ちゃんは頑として譲りません。結局、滝川が連れていくことで落ち着きました。こういう融通の利かなさ、頑《かたく》なさがあり、本当に手を焼かせる子だったのです。癇癪《かんしゃく》を起こせば、何時間でも喚き散らします。そうやって、最終的には自分の思う通りに、大人を動かしてしまうところが夢ちゃんにはありました。

夢ちゃんと比べて、海くんの場合、夜中は数回起きるだけで、とても育てやすい子でした。私は心から、海くんを可愛いと思えました。そうであっても、海くんへの夜中の授乳で寝不足ではあるのですから、昼間は海くんと一緒に、私は寝ておきたいわけです。ところが、幼稚園に行かずに家にいる夢ちゃんが、私を寝かせてくれません。

「ねえねえ、遊ぼう」

「夢ちゃん、お願いだから、ママを寝かせて」

とにかく、私の睡眠を邪魔してくるのです。

「ねえ、夢ちゃんも一緒に寝ようよ」

何度、言っても、夢ちゃんは私を起こしにきて寝かせません。だから、殴るのです。

何、この子！　あたしを苦しませるために、生まれてきたの？

一度、怒りが込み上げて手が出ると、怒りの衝動のまま、殴る蹴るが止まりません。蹴られて転がった夢ちゃんは、ぎゃーっと泣いています。

「ごめんなさい、ごめんなさい」

「謝らなくていい！　うるさーい！」

手を出すのはまずいと思い、我慢する時もありました。そんな時は、壁を思いっきり蹴ってやります。それでも、やっぱり手が出てしまうのです。いつも、そうでした。我慢するより、思いっきり殴ってしまうのが常なのです。

でも、一旦、怒りの衝動が収まれば、罪悪感しかありません。

夢ちゃんが体操教室に行きたいというので連れて行ったことがあるのですが、全く何もしようとしないので、大勢の人がいる前で私はキレました。

夢ちゃんの頬を、平手でぱちーんと引《ひ》っ叩《ぱた》き、怒鳴りつけました。家で、いつもやっていることです。

「鬱陶《うっとう》しい！　もう、アンタがやりたいって言ったんでしょ！　なんで、やらないのよー！」

この時の夢ちゃんは泣き叫ぶこともなく、じっと下を向いていました。

通報レベルの所業でした。

「おまえが嫌いだから、だよ！」

幼稚園に行かないので、私は夢ちゃんを公民館や児童館などに頻繁に連れて行きました。読み聞かせや遊びの時、夢ちゃんは私の膝の上から離れません。みんなが帰ってから、のそのそと膝から降りていくのです。遊びが、他の子と違うなーと感じていました。

そこで、病院の発達外来に連れて行ってみたのです。

「先生、この子、本当に発達障害ですか？」

「テストをしましたが、その要素はあります。ただ、あくまでグレーです。今のその年齢だったら、『楽しい』って、幼稚園に行っていますよね。幼稚園に行っていないし、楽しくないって言っているのでしょう？」

この言葉に、ああ、そうなのかと改めて思いました。ここで初めて、発達障害という気づきを得たわけですが、そのことが私の夢ちゃんへの怒りを鎮めることにはつながりませんでした。

夢ちゃんを一番殴っていたのは、3歳とか4歳の頃です。

虐待している時は、私、悪魔です。頭が沸騰しているし、殺意すら湧いています。「あー、このまま殺す」って思ってしまいます。だから一度、児童相談所に電話をかけたのです。

「今、半殺しにしかけています」

その後、児相が家庭訪問に来ることはなかったのですが、電話した時の私って、うつで、身体がまいっていたので、あそこで終わっていたんだと思います。半殺しの手前というのは首を絞めた後で、夢ちゃんは床に転がっていました。

口で言ってわからないのだから、叩いてもいいだろうって思っていました。躾の一環だからって。今、思えば、私、自分の父親と同じことをしていたんです。もちろん、この時はそのことには気づいていませんでした。

一旦、暴力が始まってしまうと、止まらなくなってしまうのです。夢ちゃんが何か反抗的なことを言っただけで、ぎゃーっと狂ったようになって首を絞めるんです。

夢ちゃんはこだわりが強く、癇癪を起こすと2時間でも3時間でも、足で床をパタパタ踏み鳴らし、喚き続けることがよくありました。

怒りのスイッチが入るのは、こんな時です。

「おまえ、舐《な》めてんのか！」

こうなったら興奮状態ですから、一切、何も考えていません。蹴っている時は、ただむかついているだけです。

「やめてー！　蹴らないでー！　なんで、蹴るのよー」

夢ちゃんがこう聞いてきたら、私は当たり前に答えます。

「おまえが嫌いだから、だよ！　理由を聞くから言ってやる。おまえが嫌いなんだよー！」

冷静になって考えてみたら、夢ちゃんにとって良くないことだとわかるのですが、スイッチは確実に入ります。このままこうしていたら、いつか気が狂うのか。紙一重のところにいると思っていました。

一方で、夢ちゃんを保育園に預けて働きに行くことは到底、考えることはできませんでした。私自身、性被害に遭っている経験から、そもそも人を信じていませんので、夢ちゃんを人に預けること自体、あり得ないことでした。住んでいるマンションの1階に託児所があったのですが、私はいつも窓からジーッとその様子を見ていました。どこに死角があるかわからない、そこで園児が危険な目に遭うかもしれない。そう思えて仕方がありませんでした。だから、自分が夢ちゃんを叩いていても、人に預けるのではなく、自分で見ている方がマシだと思っていたのです。

そうやって、親子で外の世界から離れて密室状態になっていたのかもしれません。

夢ちゃんへの明らかな虐待者である一方、私は、自分が何一つ、何の取り柄も自信もない人間なのだという劣等感にも強く捉われていました。子育てに自信は持てないし、「私には何もない」という、堂々巡りの中にいたように思います。もちろん、夢ちゃんを殴る自分のことも、嫌で仕方がありませんでした。

「ああ、私には何もない。仕事どころか、社会に出る自信もないし、子育てにも自信がないし……」

そんな思いにがんじがらめにされ、必死に足掻《あが》いていた日々でした。

「このままだと、子どもを殺してしまいます」

ある時、幼稚園に来てくれたカウンセラーさんに夢ちゃんのことを相談しようと話を始めたら、2時間、話が止まりませんでした。カウンセラーさんは「お母さん、お母さん」と私を見つめ、こう言いました。

「お母さん、うつです。病院へ行った方がいいと思います」

ああ、そうかも。不思議と、自然にそう受け止めることができました。

当時は子ども2人を乗せて車を運転している時に、衝動的にどこか、目の前の湖に飛び込もうか、あの電柱に突っ込もうか、そんなことばかりを考えていました。自殺することしか、考えられなくなっていたのです。

3人で死のうと思っていました。目の見えない子をどうやって育てていったらいいのか、夢ちゃんの問題行動、登園拒否をどうしたらいいのか。どこに相談しても、「お母さんが決めればいいですよ」と言われるけど、私にはモデルがありません。育ててもらっていないので、育児のモデルがないのです。お寺の「おばあちゃん」は、お箸の持ち方すらも教えてくれませんでした。いつもお腹が空いていてどうしようもなくて、近くの店でお菓子をくすねたり、友達の家のものを持ってきたり、私はそうやって育ったのです。

車で、どこに行くあてもなく走っていて、そして精神科に着きました。そこで私は、「助けてください」と言ったのです。

「このままだと、子どもを殺してしまいます。2人を乳児院に預けたい。もう、死ぬことしか、考えられません」

夢ちゃんをどうしても殴ってしまうことを、医師に正直に話しました。

病院から児相に、通報が行ったのだと思います。児相の職員が病院にやってきて、滝川も職場から呼び出され、翌日、夫婦揃って子ども2人を児相に渡すことを約束して帰りました。ちょうど、海くんの1歳の誕生日の日に、2人は一時保護となりました。

児相では、こう言われました。

「子どもの居場所は教えられません。連絡も一切取れませんし、面会もできません。2か月間、子どもたちには会えません」

つらい言葉でした。でも、私はその方が子どもたちにとってはいいだろうと究極の選択をしたのです。

子どもたちを預けてから、食べることも笑うことも私は忘れて、ただ椅子に座っていました。滝川がいれば一緒にごはんは食べますが、滝川の3日間の出張の時に何も食べないでいて、そのまま倒れました。もう、終わりが来たんだと、はっきり思いました。気づいたら、携帯で滝川に連絡を取っていました。滝川に家に帰ってきてもらい、そのまま、精神科に入院しました。

子どもを預けて1か月後、本格的なうつの治療が始まりました。

究極の選択

駆け込んだ精神科で渡されたカルテの写しを、沙織さんは見せてくれた。

「長男出産後、子供の視覚障害への罪悪感、長女の夜泣きの対応、長女に問題行動があったことなどで不眠、抑うつ気分、焦燥感、希死念慮等著しくなり受診」

まさに満身創痍だった。海くんが全盲で生まれたことへの罪悪感は、うつになるまで沙織さんを追い込んでいた。そして、夢ちゃんへのたぎる怒り。

沙織さんに夢ちゃんへの暴力が止まらない時、蹴られている夢ちゃんはどんな表情をしているのか、聞いてみたことがあった。沙織さんは、たった一言。

「え？　顔なんて見たくもないから、見てないですよ」

顔も見ずに殴り、そして蹴り続けるのか。それは子どもが苦しんだり痛がったり悲しんだりしている顔を見れば、その不憫さに、瞬間、手が止まってしまうからではない。もはや、子どもはただのサンドバッグだ。沸騰し、興奮した脳の下、その沸騰が鎮まるのを待つだけ。夢ちゃんは、どんな思いで痛くてつらい時間を耐えていたのだろう。沙織さんは父親に殴られていた時、「感情を殺した」と言った。

夢ちゃんは、どうしていたんだろう。

子ども2人を児相に託したことは、「究極の選択」だったと沙織さんは繰り返す。それは

「殴っていても、自分の方がマシ」だと、一つの選択肢しかなかった沙織さんが、子どもたちの立場に立って下した決断だった。なぜ、そうできたのか。沙織さんは、きっぱり言った。

「心が壊れる手前の紙一重の瞬間を、自分が味わった気がしました。だから、この子たちにとっては、私と会えない方がいいだろうと。私にとっては、究極の選択でした」

「子どもを守った、立派な行動だったと思います」

入院中、カウンセラーさんからこのような言葉をかけられました。

「あなたがしたことは、子どもを守った、立派な行動だったと思います」

この言葉を聞いた時は、正直、何を言われているのか、よくわかりませんでした。でも、後になって、心に響いてきたのです。「私は、子どもを守ろうとしたんだ」と言われたことは、どこか、自分に対する自信につながったように思います。これも、今だから言えることで、当時は混乱の極みにいたのですが……。

あの時、児相に行かなければ、暴力は続いていたと思います。自分がどうして子どもにここまで酷いことをしてしまうのかについて、カウンセリングを受け、こんがらがっていた紐を一つ一つ解《ほど》いていきました。

自分が虐待を受けていたから、同じことをしてしまうのか。いえ、それよりむしろ、育て方がわからない自分にイライラして、叩いて、言うことを聞かせていただけだったのです。口で言ってもわからないのだから、叩いていいだろうって。カウンセラーさんに指摘された、「咄《とっ》嗟《さ》に手が出る、自分の弱さ」についてなんて、思ってみたこともありません。これはあくまで、躾の一環なのだと正当化していたのです。

一旦、暴力が始まってしまうと止まらないのは、小さい頃からの怒りが出てきていたからでした。カウンセリングの中で、父親が全然関係のないことで殴りつけてくるのと、私は同じことをしていたのだと気づいたのです。父親に言いたかったこと、継母に言いたかったこと、それらずーっと押し込めていた怒りを夢ちゃんにぶつけていたのです。

入院中は、怒りのフラッシュバックとでも言うのでしょうか、感情の起伏の激しさに翻弄される日々でした。児相の職員が面会に来ても大声で当たり散らし、それは滝川にも同じでした。抑えることができない怒りが身体の奥からばーっと湧き上がって、メラメラと燃えたぎるのです。とめどなく噴出する怒りを誰彼となく、ぶつけずにはいられませんでした。入院中に読んだ本によれば、この怒りの表出は、押し込めていた感情の蓋が開いた状態で、治療の第一歩だということでした。

感情の蓋を開けたことで、少しずつ、自分を冷静に見ることができるようになったのかもしれません。カウンセリングでもいろいろな思いを吐き出せるようになり、これまでの生い立ちや自分に起きたことをカウンセラーさんに話し始めました。今、思えば、これが自分を客観的に見ていくようになる〝始まりの一歩〟だったのかもしれません。

私は、大人になることを拒否していたのです。大人なんて嘘つきだし、大人に振り回されて生きてきたので、身体が大人になるのはしょうがないけれど、大人にならないって、いつか、決めていたのでした。要は、子どもだったのです。だから、夢ちゃんに何か言われただけで、カチンと反応して、ぎゃーっとなって首を絞めていたのでした。夢ちゃんはこんな私に危機感を覚え、幼な心に海くんを私と2人だけにしておくのはよくないと、幼稚園に行けなくなっていたのかもしれないと、そう思えるようにもなりました。

この2か月は、私にとって自分を見直す大事な時間でした。滝川にも私が抱える苦しみを、ようやく話すことができました。今までは「苦しい、寂しいから、休みを取ってほしい」と頼んで、それでも休みを取ってくれないことに怒っていたけど、滝川もどうしていいかわからなかったのだと思えるようになりました。自暴自棄な言葉ばかり吐く私のことは、きっと嫌だったと思います、

2か月の最後の頃になると、私は児相に電話をしてお願いばかりしていました。

「お願いです。子どもたちに会わせてください。子どもたちの存在はとても大切で、すごくかわいいと思えて、もう二度と叩かないので、返してください」

殴ってしまうことは、（虐待の）連鎖なのだと気づきました。連鎖だと気づいたら止められる、そう思えたのです。

「情緒クラス」のある学校に入れなかった

こうして、2カ月が経ち、子どもたちは私たち夫婦の下へ帰ってきました。ほどなく私たち一家は、滝川が本社へ異動となったため、本社がある街に引っ越しました。

ここで、夢ちゃんは小学1年生になるのです。

小学校に上がる前、私は発達障害の子どもを持つ親の会で教えてもらった、小学校の「情緒クラス」に週に数回、1時間だけ、夢ちゃんと通うことにしました。

幼稚園に行くことを嫌がる夢ちゃんは、友達との集団行動も、幼稚園の先生のことも嫌いでした。だから、小学校入学を前に、少しでも夢ちゃんに小学校や先生、友達に慣れてほしいと思ったのです。

当時、ほとんどの小学校に、知的障害やダウン症などの子どもたちのための「特別支援学級」がありました。でも、それは「アスペルガー障害」、今で言う「自閉症スペクトラム」など、発達障害に対応するものではありませんでした。夢ちゃんはこちらに該当します。

特別支援学級のなかでも、自閉症や対人関係が困難な子どものための「情緒学級（クラス）」というものがあるのですが、当時は全ての学校にあるわけではありませんでした。

夢ちゃんのことを考えれば普通学級よりは「情緒クラス」がいいと思い、家から近い小学校で「情緒クラス」があるところに親子で通うようになったのです。入学前の準備期間と捉えていました。何とかうまく学校に馴染んでほしいと、祈るような思いもありました。こうした情報は全て、発達障害の親の会で教えてもらったものでした。

「情緒クラス」の先生は子どもたちの特性をよくわかっていて、熱心に子どもたちと関わってくれるので、夢ちゃんも落ち着いて過ごすことができていました。親だけで月に1、2回、集まって話す会もあり、発達障害の子どもを持つ悩みや育てにくさなどを共有でき、お母さんたちとも仲良くなり、ようやく、私にも夢ちゃんにも、「居場所」ができたと思えました。

てっきり、この小学校に入学するものだとばかり思っていたのですが、自宅からの距離の関係で、数メートルしか変わらない、別の小学校へ入学しなければならないことがわかりました。小学校に学区があることを、私は知らなかったのです。とにかく教育委員会に訴えるしかないと思い、何とか、その学校に入学できないか、お願いに行きました。でも、にべもない対応しか返ってきませんでした。

「入学する小学校は決められた学区内の学校でなければなりません」

夢ちゃんの特性を説明し、幼稚園にも行けなかったこと、その学校の「情緒クラス」に馴染めていることを話しても、頑として聞き入れられなかったのです。これほど不登校が社会問題になっているというのに、その傾向がある子どもへのほんのちょっとの融通も聞き入れられないなんて。

入学した小学校には、「情緒クラス」はありませんでした。「知的クラス」はあったのですが、夢ちゃんにとっては居心地のよくない場所だったようです。しかも、大人数。先生の手が足りないこともあり、夢ちゃんにまで配慮が行き届きません。普通クラスに在籍しながら「知的クラス」に通う「通級」という形を取ったのですが、夢ちゃんはよく、隙を見ては学校を逃げ出してきました。

近所の人に、上履きのまま泣きながら歩いている子がいると通報されたことも何回かあって、よほど、嫌だったんだろうと思います。先生に追いかけられて捕まって、顔にあざを作って帰ってきたこともあるほどでした。隠れながら家の近所まで帰ってきて、自転車で追いかけてきた先生に捕まったこともあったようです。

私は、頭を抱えました。とにかく、夢ちゃんが学校に行きたがらないのです。

何とか登校させたとしても、今度は担任とのやりとりが本当に面倒なものでした。私には給食用のナプキンを、どの程度の頻度で洗濯したらいいのかもわかりません。そんなもの、用意してもらったこともありませんし、「普通の」家庭生活を知りません。クラスのお母さんたちに聞くのも、常識のなさを曝《さら》け出すようでためらわれました。

夢ちゃんは発達障害の特性として皮膚に過敏なところがあって、これは大丈夫という洋服じゃないと身につけるのをすごく嫌がります。なので、どうしても同じ洋服になってしまうのですが、このことで担任から虐待を疑われているのがわかりました。連絡帳に、「夢ちゃんの服、洗濯してください」って書いてあるのです。私、完全にネグレクトを疑われていました。それは、ものすごく嫌なものでした。

「お母さんは、いつも笑っていてくださいね。お母さんの笑顔が一番ですから。お母さんは笑っていないと」

夢ちゃんの育てにくさや学校を嫌がることなどについて、児童家庭支援センターに相談に行っても、相談員から言われるのはこんなことばかりです。もう、ほっといて。それが、正直な気持ちでした。笑顔、笑顔って言われても、私にも限界というものはあるんです。つくづく嫌になって、支援センターのサポートは全部辞めましたし、ネグレクトを決めてかかってくる学校とも距離を置くようになりました。

「ママと呼ばれるのも、嫌」

当時は私自身、夢ちゃんへの直接的な暴力は、やめるようにしていました。本人が何をされたのか、言葉で話せるような年齢になっていますから、虐待が周囲にわかってしまいます。なので、腹が立っても壁を殴り、自制するように努力していました。

でも、治まらない怒りは私の中にちゃんとあって、夜になると止まらなくなります。

「夢ちゃん、あんたさえ、ちゃんと学校に行っていれば、ママが言われることないんだよ。あんたのせいで、ネグレクトが疑われて、いちいち、いちいち、ママが学校から言われるの。おまえなんか、産まなきゃよかった。あんたを見ているだけで、イライラする。ママと呼ばれるのも、本当に嫌！」

朝、夢ちゃんはぽつんと言います。

「夜になると、ママが怒り出す」

夜になるとくどくどと、延々、夢ちゃんに言い続ける私がいました。

「ママと呼ばれるのも、嫌」って、私が継母から言われていたことでした。その同じ言葉を、夢ちゃんに向かって私は言っていたのです。

前にお話ししたように、夢ちゃんには頑固なところがあり、「学校に行きたくない」となるとテコでも動きません。結局、自分のしたいようにするのです。そのことが、私を苛立たせます。

最初は深呼吸をして、優しく声をかけるようにしています。

「そんなら、夢ちゃん、休むのか、遅れていくのか、どう、学校に電話する？」

「そんなの、知らない」

この生意気な返答に、瞬間、スイッチが入ります。夢ちゃんの部屋に突進し、脇腹に思いっきり蹴りを入れて、ベランダに立たせて〝悪魔〟がすごみます。

「夢ちゃん、そんなに学校行きたくないなら、こっから、飛び降りてみなよ。そしたら、学校行かなくて済むよ。3階だから死ぬことないし、足折るぐらい。おい、おまえ、バカか！さっさと、こっから、飛び降りろ！」

夢ちゃんは必死に抵抗します。

「痛いのは、いやー」

そんな時に祥子さんと出会い、取材の依頼を受けました。あの頃は虐待をやめなきゃと思っていて、叩いても意味がないことに気づいてはいるけど、つい手や足が出てしまっていた時でした。暴力は、これからの夢ちゃんとの関係を思うといけないことだとはわかっていましたし、それだけではなく、学校とのやりとりに心身共に参っていた時期でもありました。

全てをありのままに話そうと、会いました。

でも私、あの本、読めなかった。怖くて……。今は、読むべきだったと思っています。

悪魔は自分を振り返りはしない

虐待の加害者がこれほど、ありのまま、赤裸々に自らの虐待行為を語ってくれることがあるのだろうか、と思った。沙織さんの顔が歪み、声が低く掠《かす》れ、言葉は途切れ途切れになる。それでも沙織さんは自ら為した、言葉にするのもおぞましい行為の一つ一つを、できる限り包み隠さず、語ってくれた。それが沙織さんの、取材に応じるという覚悟だった。

取材は同情を求めての釈明などではなく、際限のない苦しみの吐露というべき時間だった。夢ちゃんを容赦なく殴り、蹴り飛ばし、罵り続ける自分を、沙織さんは私の目を見て語った。

「その時の自分は、悪魔ですよ」とまで言い切って。確かに、それは〝悪魔〟だったのかもしれない。でも、〝悪魔〟はこうして自分を振り返りはしない。

前作を読めなかったという沙織さんだが、当時は夢ちゃん自身にもその内容が伝わることはなかった。まだ小学校低学年だった夢ちゃんが、今は19歳。取材は夢ちゃん自身に、母である自分が何をしてきたか、その事実を正面から伝えることを意味する。

夢ちゃんが痛みの記憶を呼び覚ましてしまうリスクを承知の上で、沙織さんは取材に応じてくれた。そのことが母と娘双方にとって、よい方向に向かうことができると信じて。12年前と同様、ブレることのない強い覚悟を胸に秘め、沙織さんは私に対峙する。

そしてそれは、夢ちゃんも同じだった。

第五章　安心できるのはトイレだけ

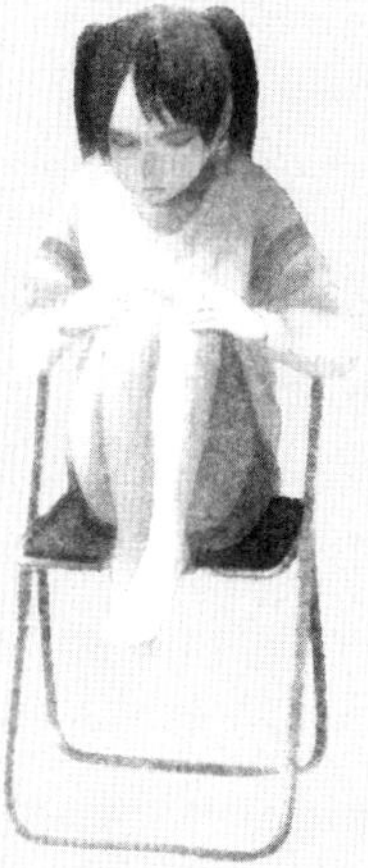

――夢

ママはご存じの通り、明るくて、優しくて、いろんな人に思いやりのある行動がとれるから、多くの人に好かれています。だから、そんなママの好きな人にはちゃんと挨拶をしたいと思って、ここに来たのかもしれません。まあ、激しく気分に差があって、難しい人でもあるんですけど……。

話をすると決めた時、私、何を話せばいいんだろうって考えて、嫌なこと、うれしすぎることが沢山ありすぎて、何から話していいのかなーって、今も迷っています。

ただ、お話しする前に、一つ、大前提として、私はママのことをすごく嫌いになったこともあるし、いなくなってほしいと思ったこともあるし、なんで、この人が私のお母さんなんだろうって思ったこともあるということを、覚えていてほしいんです。

「もう、お母さん、ママなんて呼びたくない」と思ったこともあって、それで今は、「さぉちゃん」と呼んだりしています。ですけど、今はお母さんとして大好きですし、愛していますし、人としても大好きだと思っています。

「あんたは、ママをいじめるために生まれてきた悪魔なの！」

私、学校に入る前の小さい頃の記憶って、あまりないんです。さおちゃんが話していると思うのですが、小さい頃の私って、性格が難しかったらしいです。嫌なことがあると、泣き喚いたりしていたそうです。でもこれは、自分の記憶として覚えているんじゃなくて、周り、特にさおちゃんから言われて、多分、私、相当難しい子だったんだろうなあっていう自覚を、最近、明確に持ちました。泣き喚いて幼稚園に行かなかったとか、何度もママから聞かされますから。

私、寝ない子だったらしいですね。

確かに、私を育てることは、とても大変だったと思うんですよ。それは事実だったと思いますが、でも、今でも私、よくママに、「夢ちゃんは、本当にめんどくさかった」とか、「なんで、この子が生まれてきたんだと思った」とか、はっきり言われるんです。

あー、それ、たまんないです。

それは、こんなふうに始まります。私が普通にリビングにいてくつろいでいると、ママがだんだん酔っ払ってきて、突然、昔の話を始めるんです。それって、しょっちゅうなんです。そうして昔の話を始めると、話すうちに過去が甦ってきて、さおちゃんは明らかにイライラが高じてきて、そのうちに怒り出して、その怒りを私にぶつけてくるんです。「ああ、ほんと、寝ない子だった」とか。思い出してくると、激昂して口調も怖くなって、私に怒鳴り散らすんです。

「本当に、めんどくさかったし、夢ちゃん、なんで生まれてきたの？　と思ったし、あんたは、ママをいじめるためだけに生まれてきたんだって、ほんと、それしかないって。あんたは、ママをいじめるために生まれてきた悪魔なの！」

耳を塞ぎたい言葉が連発で飛んできて、いつ終わるかもわからない。こうなると、さおちゃん、長いんです。「あーあ、今日は最低の夜が待っていたんだ」って、「今夜も、最悪」と心の中で呟きます。

いつも、この繰り返し。もう、何回も言われています。酔っ払っている時は、確実に言ってくるんです。「あー、めんどくさかった！」と語気を荒げて吐き捨てられるから、「私の子育てって、ものすごく大変だったんだろうな」という気持ちになります。

だけど、もっと最低なのは、ここまで私を傷つけておきながら、ママ、それを言ったことを次の日、覚えていないんですよ。ひどくないですか？

私は幼稚園だけでなく、学校にも行きたくなくて不登校気味だったので、ママに不登校の子が通う学校に連れて行かれたことがあります。そこで出会ったある女の子は、教室で癇癪を起こす子でした。その頃には癇癪は恥ずかしいことだとわかっていたから、私は癇癪を起こすことはなくなっていました。だから第三者目線で、その子の行ないを客観的に見ることができたんです。癇癪を起こして泣き喚いている様子を見て、つくづく、この子のお母さんも学校の先生も、大変だなーって思いました。

だから、帰宅してから改めて、さおちゃんに「昔、癇癪とか起こしてごめんね」って謝ったんです。だけど、私がどんなに謝っても、今、どんなに手のかからない子であろうとも、さおちゃんは過去のことをずっと引きずるタイプなんです。

だから今、私がどんなにママが求めているいい子になったとしても、昔の話は絶対にするし、昔の話を始めたタイミングで、「おまえは最悪だ、生まれてこなくてよかったのになんで、生まれてきたんだ」と、私を罵倒し続けるわけです。それはもう、どうしようもできない。過去は変えられないし、このまま言われ続けていくのが、私の一生なんだなーと思います。

一度、弟の海くんがいなくて2人きりの時に、「それ、言われるって、すごく嫌なことなんだよ」と、素面《しらふ》のママに伝えたことがあったんですけど、先ほども話したように、その言葉を吐く時のママはいつも酔っ払っているわけだから覚えていないし、言った記憶もないわけです。

「そんなん、言ったっけ？」

私が「言った」と断言すると、「もう言わないよ、そっか、ごめんね」と謝るんです。でも、ママ、酔っ払うと変わるよね、という話です。

ママは酔っ払っていない時には「今は、そんなふうに思っていないから。夢ちゃんを、ママをいじめる悪魔だとか、思ってないから」って言うんですけど、もし、本当に今、そう思っていないんだったら、「酔っ払っても、その言葉、出なくないか？」って。酔っ払っても、心の中でそう思っていなかったら出てこないじゃん。私を悪魔だとか、自分をいじめるために生まれてきたと思っているから、酔っ払った時に、出てくるんだよねーって思うんです。

私が育てにくかったのはわかるんですけど、それはほんとに、申し訳なかったと思うんですけど、フラッシュバックじゃないけど、ふと、脈絡なく聞こえてきちゃうんですよ。その時のママの声のトーンとか、言葉とかが。瞬時に、ママにくどくどと貶《おとし》められている最中の雰囲気が甦って、その時の自分の立場にパッとなってしまうんです。それ、とても苦しいです。目の前にママがいないのに、その時の世界になっちゃうんです。一人でいる時とかに。

「よかったね」って言ってほしいのに

さおちゃんは周りに、「ちゃんと、子どもを育てている私」っていう感じでいるのですが、私、それが困るんです。だって、ちっとも、そうじゃないんだから。

私が、さおちゃんに対して困っていることの一つに、何か気に食わないことがあると、絶対にその嫌な話を1から10まで全部、話すことがあります。同じことを何回も言うし、話も長いんですよ。そして必ず、言わなくてもいいことまで言っちゃうのが、うちのママなんです。

例えば、「今日、友達とランチに行って、いろいろ話をして」と、私に話しかけてきたとして、私はこれから楽しい話を聞くのかなと思うでしょ。でも、さおちゃんは、こう話すんです。「夢ちゃんの話をして、夢ちゃんが育てにくくて、夢ちゃんが大変だったっていう話をみんなに聞いてもらったの。だって寝ないし、癇癪は起こすしって」

この調子で、私がいかにとんでもない子どもであったかを、ランチの報告がてらにワーッと捲したて、「でも、みんなといろいろ話して、楽しかったよ」と締めるんです。

それって、私に話しているんだから、私の過去のことは言わなくていいんじゃない？　そう、思いませんか？　私に、過去のひどさをわざわざ話したところで、私は傷つくだけだし、なんなら「ごめんね」としか言えないし、今から戻れるんだったら、いい子にしますけど、それができないし、どうしたらいいの？　って。ランチの報告でこんな話を盛られても、困るんです。育てにくかったのは申し訳ないけれど、もう、そろそろ……って。この時は酔っ払ったママじゃなく、普通の状態です。

ママと一緒にいると、気分が落ち込むことが多いんです。例えば、すごくうれしいことがあって、「あのね、今日ね」って、そのうれしい報告をママにしても、こう返ってくるんです。

「でも、どうせ、そんないい結果にはならないんじゃない」

こっちはうれしい気持ちでいるのに、わざわざマイナスになる発言をする。これも、いつものことで、この前も彼氏から、「夢ちゃん、かわいいね」って言われたことを話したんです。私はママに、「よかったね」って言ってほしくて話したのに、ママはこうです。

「さあ、それがいつまで続くかなー。ママも、昔はそうだったんだよ。パパもそうだったのに、いつから変わったのかな。子どもが生まれてから、変わったわ。生まれなかったら、変わらなかったのかな」

おいおい、勝手に自分の話にすり替えて、また、私を責めるわけ？　ママに楽しい話なんか、しなきゃよかったたって、いつも思います。そして、こっちも落ち込むわけです。どうしてこんなに、ネガティブ思考なんだろう。ママと話しても、ちっとも楽しくない。逆に、貶められることになってしまうんです。

彼氏と夜、なかなか、連絡がつかないって話した時、普通はお母さんって、慰めてくれるものだと思うんですが、さおちゃんは違います。

「きっと、浮気してんじゃないのー」

どうして、わざわざ娘が苦しむようなことを言うんでしょう？

私の理想にしている〝お母さん〟

学校に入る前のことは全く覚えていないし、思い出になるような記憶もありません。ただ、タブレットだけ。毎日、家にいて、タブレットを見ていた記憶しかなくて……。

たまに、思うんですよ。ママじゃないママだったら、こうなっていなかったのかなって。喚いたりもしなかったし、もしかしたら学校にも行ってたんじゃないかなって。

私の理想にしている〝お母さん〟って、朝、子どもが起きる前に起きてごはんを作って、みんなで朝ごはんを食べて、お見送りをして、掃除機をかけて、洗濯をして、子どもが帰ってきたらごはんを作ってくれて、「もう寝なさい」っていう、そんなお母さんだったら、家事をお母さんがするっていう感じだと思っていて、でも、働いていないお母さんを知らないんです。みんながそうだと思っているお母さんを、私は知らない。多分、それはドラマの影響とかのイメージだと思う。サンタさんがおじさんで髭が生えているイメージと一緒で、お母さんというのは、そんな感じだと私は思っていて……。

でも、うちのママは朝、起きなくて、私もその生活習慣で一緒に寝ていて、起きたら、学校のお昼の休み時間ぐらい。「ママ、そろそろ起きようよ」と、いつも、こっちが起こすんです。

「もう少し寝かせて。身体が追いつかない。しんどい」

「ねえ、ママ、夢ちゃんと海くんのごはんは？」

「適当に、パンでも食べといて」

起きてくるのは2時頃で、そこから一緒にテレビ。だから、学校に行くというリズムにならないのです。ただし、テレビを見てもいいと言う時もあれば、「休んでいるんだから、みんなが帰ってくる時間まではテレビを見るな」とか、日によって、ママの言うことはバラバラ。その日によってテレビを見ているか、一日中、ぼーっとしているか。

ママが、私が理想とするお母さんだったら、私、学校に行っていたのかな。何も考えないで、みんな、学校は行くものだと思って行っているでしょ。私は、学校って行くしかないものだとはよくわからなくて、行きたくないなら行かなくていい、やりたいことだけ、やっていればいいって、どこかで認識したのだと思う。ママも最初は「行け、行け」って言っていたけど、休みを受け入れてくれる日もあるし、逆に、私が「今日、学校に行こうかな」って思っても、「夢ちゃん、今日、送ってくの面倒くさいから、休んで」って言う時もありました。

パパもきっと、家庭にはそういう理想のものを求めていたんだと思う。仕事から帰ってきたら洗濯物がパリッとしていて、布団もふかふかで、あったかいごはんができているって。実際は、布団は朝起きた時のまま、洗ってない食器が増えていて、ごはんもできていない。ごはんも買ったものとか簡単なもの、冷凍ものが多い。

「夢ちゃんが生まれる前は、料理が好きだから、何品も作って、定食のようにしてたよ」

ママはこう言った後、必ず、付け加えます、私に対して。

「子どもが産まれて、変わっちゃった」

なぜ、わざわざ、私を傷つけることを話してくる？　これ、何度も聞かされています。

朝、起きないことも、私にこう言ってきます。

「夢ちゃんが生まれた時に大変じゃなかったら、ちゃんと、朝、起きてたし」

ただ私には、学校は意地でも行きたくなかったという思いもあって、それは時間に縛られるのが耐えられなかったこともあるし、クラスにいる問題児が嫌いだったこともあります。

小学1年の時に、ママが目に障害があることを学校でカミングアウトしようとなったんです。それ以来、悪気はないのかもしれないけれど、問題児たちが指を出して、「これ、何本?」、「何本に見える?」ってからかってきて、永遠にそれをされるのが嫌で嫌でしょうがなく、耐えられませんでした。

小学生だから、メガネをかけても目が見えるようにならないというのがわからないんですよ。目の病気ではなく、障害であることがわからない。だから問題児たちは不思議でしょうがないのか、「何本に見える?」をやってくる。私、本当に嫌でした。

目が見えなくなったのがいつからか、自分でもわからないんです。ただ、全く見えないわけではなくて、見えてはいるんです。物心ついた時からこういう見え方なので、普通がどうなのか、どう見えないのかがわからない。

ママは初めての子育てで、ハンデがある子というのも初めてで、これから私たちがどう生きていけばいいのかがわからなかったんだと思います。だからなのか、自分にはハンデがないし、どうしていいかわからないから、街でちょっと聞かれただけで、「それ、言わなくていいよ」というところまで、1から10まで話し出すんです。

「実は、なんちゃらという病気で」とか、「この子、ちょっと目が見えないんですよ」とか、すぐに言う。

それ、私も弟も、すごく嫌なんです。弟も、「別に、わざわざ言わなくていい」って思っているから、ママのそういうところにむかついていると思う。私もそれが、本当に嫌。でもママは普通に、「見えないから、私を近くにいさせてください」と言いたいんです。

心配だからって、それを言っちゃって、学校で「これ、何本?」が始まったわけです。言わずにはいられない。「溜め」がないというか、制御して、心に閉まっておくことができない人なんです。

「ママから暴力を受けたことはありません」

夢ちゃんは4回ほどインタビューに応じてくれた。

初めて会った時は17歳、最後に会った夏には19歳となり、すでに成人を迎えるまでとなった。折れそうなほど華奢な身体に、驚くほどの小顔、肌は透き通るように白く、ぱっちりした瞳を持つ美しい少女。それが、夢ちゃんだ。長い髪がエレガントで、アイドルと言ってもおかしくないほど、可愛らしい。いつもイメージが異なる、センスの良いファッションに身を包み、メイクも髪も洋服もネイルもアクセも、全てに隙がなく、完璧にキメたスタイルで現れ、会った瞬間、見惚れてしまうこともしばしばだった。ゴージャスなネイルは自分がデザインをして、知り合いのネイリストに作ってもらったと言う。美容やファッションに感度が高く、それがとても好きなのだということが十分に伝わってきた。

時に沙織さんが運転して車で送り届けてくれて、時に駅の改札で待ち合わせて、ランチを食べながら、夢ちゃんの話を聞いた。

文字が見づらいからか、メニューを顔に近づけて見ることはあるが、オーダーは何の問題もなく自分でできる。ゆっくりした歩みでも一人で電車やバスで行動できるわけで、傍からは目に障害があることはうかがえない。

少し話しただけで、夢ちゃんは語彙が豊富で、豊かな比喩を駆使してテンポ良く話す、とても頭のいい子だということが確実に伝わってきた。自分の言葉をきちんと持っている17歳だった。

実は正式なインタビューを始めるより何年か前に、一度、沙織さんの自宅マンションで、中学2年生の夢ちゃんと会う機会があった。

沙織さんが作ってくれたお好み焼きは完璧で、昼間なのにビールまで注いでくれ、夢ちゃんと海くんと一緒にごはんを食べた後、沙織さんは海くんを連れて出かけ、残った私と編集者は、夢ちゃんと話をすることとなった。

聞きにくいことではあったが、夢ちゃんは自身が受けた虐待をどう記憶しているのか、どう思っているのかを知りたくて、小さい頃の思い出を聞いてみた。

まだ幼さが残る中学生の夢ちゃんは今回同様、「あまり覚えていない」と首を振った。なので、ためらいつつも、「お母さんから暴力を受けたこと、覚えている?」と踏み込んで聞いてみた。夢ちゃんは一瞬キョトンとし、首を振った。

「ママから、暴力を受けたことはありません」

それから後は、それほど話が盛り上がることはなく、沙織さんの帰りを待つこととなった。

当時、一家は後述するように滝川さんの不倫でぐしゃぐしゃ状態で、夢ちゃんは「死にたい病」の渦中にいたことなど、私は何も知らなかった。そんな相手に、夢ちゃんが胸襟《きょうきん》を開ける訳がなかったのだ。

印象的だったのは、戻ってきた沙織さんがひどくビクビクしていたことだ。夢ちゃんが私たちに一体、何を話したのか、知りたいけれど、知るのが怖いといった印象を受けた。

今回もまず、私は夢ちゃんに小さい頃の記憶を聞いた。しかし、答えは全く同じだった。周囲（ほぼ、沙織さん）から聞かされた、「育てにくい子」、「寝ない子」、「癇癪を起こす子」と説明はしたが、それは夢ちゃん自身の記憶ではない。

夢ちゃんは就学前、母親である沙織さんから激しい虐待を受けていた。沙織さんは赤裸々に、一度始まると止まらなくなる暴力の衝動性をつぶさに語ってくれた。殴る蹴るだけでなく、首を絞めることもあったという苛烈な暴力を、幼い夢ちゃんはその身体で、紛れもなく浴びていた。痛みも苦しみも怒声も、全身に刻印されているはずだ。夢ちゃんは日々、沙織さんからの言葉の暴力に苦しんでいるが、肉体的暴力の記憶はカケラもない。

「解離性健忘」と言うべきものなのだろうか。解離性健忘とは、心的外傷やストレスによって引き起こされる健忘（記憶障害）で、たとえば、幼少期に虐待を受けていた経験など、特定の出来事または特定の期間の記憶が失われている状態のことだ。夢ちゃんは、まさにそうなのではないか。虐待を受けていた小学校に入る前までの記憶が、すっぽりと抜け落ちている。

子どもは殴られたり蹴られたりする痛みや、恐ろしい苦痛の時間をどう耐えるのだろうか。よく言われるのは、無意識のうちに精神のスイッチを切ってやり過ごすということだ。それは、最小限の防衛手段だ。

前作『誕生日を知らない女の子』の取材で、母親から激しい虐待を受けた4歳の里子について、養育里親の女性はこう語っていた。

「何かで注意されると、そこで感情を切ってしまって、フリーズする。そして、何時間でも無表情のまま立ち尽くす。記憶をそうやって飛ばすので、注意されたことが積み上がらない。これ、解離なの」

記憶が飛んでいたり、気づいたら別の場所にいたり、2つ以上の人格が存在する、いわゆる多重人格など、それらを総称して「解離」と言う。

児童精神科医の杉山登志郎さんによれば、解離は「圧倒的なトラウマ体験に対して、その部分だけ、記憶を切り離して、全体を保護する」行為なのだ。

夢ちゃんも、鬼のような形相に豹変した母親から、凄まじい怒鳴り声を浴びせられることの恐怖や、顔やお腹や足を殴られたり蹴られたりする激烈な痛みを、精神のスイッチを切って、記憶を飛ばして、やり過ごしていたのだろうか。

今回の取材を始める前に、沙織さんと夢ちゃんそれぞれ別個に行なうインタビューによって、これまで知らないで済んでいた事実を、お互いが知ることになる可能性が大きいが、そのことについてどう考えるかを2人に確認した。

驚いたことに、沙織さんも夢ちゃんもそれぞれ、「そのことは覚悟の上。それは構わない」と答えた。それよりも、この取材により、お互いの関係性がより率直なものに変わっていくことを、母と娘がそれぞれ、願っていたのだ。

この2人の覚悟の潔さに、試されているのは私だと知った。2人に対峙する価値があるものが、私に書けるのか、この覚悟にどう応えるのか、と。

夢ちゃんが封印していた記憶を、この本により甦らせてしまった時、夢ちゃんの心が深く傷ついてしまうことはもちろん、望んでいない。

沙織さんも同様だ。夢ちゃんの口から語られる母親は、紛れもない虐待者だ。たとえ、夢ちゃんに暴力を受けた記憶がないとはいえ、「あんたなんか、生まれてこなければよかったのに」と、存在を全否定する言葉を浴びせ続ける行為自体が虐待であり、あまりにも悪質だ。

「なんで、生まれてきたのかとも思ったし、夢ちゃんはママをいじめるためだけに生まれてきたと思った」

酔っ払い、過去に戻った母親から、何度も投げかけられているというこの言葉を口にした瞬間、夢ちゃんの目がうるみ、涙がほろほろとこぼれた。それはどんな鋭い剣よりも深く、強く、夢ちゃんの心を抉《えぐ》るものだった。

沙織さんは自覚がないままに、激しく夢ちゃんの心を傷つけ、傷口に塩を塗りたくってきた。夢ちゃんの告発に、沙織さんはたじろがないでいられるのだろうか。

母と娘、どちらにも、私は筆者として明確な責任を負うことを胸に固く刻む。

周りのお母さんと違う

小学3年生の頃かな、うちのママは、周りのお母さんと違うなって気づいたんです。どう違そうかは、うまく説明できないんですよ。できれば1か月、ママと一緒に住んでほしいです。そうすれば、全部、わかると思います。

「これ、全然、説明できないわ」という感覚って、理解できますか？　ママのすることが、そうなんです。ママの行動は、その時の感情に任せっぱなし。私はもし今、落ち込んでいたら、あまり考えないようにしよう、行動しないでおこうと思うんですが、ママにはそれができないんです。思い立ったら、そのまま行動しちゃうんです。「溜め」がない。

蒼《あおい》くん（仮名）と知り合ったばかりの頃、「うちのママ、ちょっと変なんだ」って話したんですが、当然、「どう、変なの？」って聞かれるわけですよ。

だから、「どう変かとは言葉で言えないけれど、一緒にいればわかるよ」って話したんですが、たまたま、蒼くん、2か月ぐらい、うちに転がりこんできたんです。そしたら、ママのこと、嫌になるほど、わかったって言いました。

「確かに変わっているし、変だし、それをどう説明しろと言われても説明できない。どう言ったところで伝わらないけど、一緒にいたらわかるね」

でも、蒼くんは別に問題じゃないって言うんです。

「だって、家族じゃないから。あれが自分の親だったらしんどいけれど、夢ちゃんの親だから、しんどくないだけ」

そのしんどさって、蒼くんも理解したように、一緒に住んだ人にしか、わからないんですよ。ママってなんか、ずれているんです。根っこがない、というか……。

これが、いいたとえなのかわかりませんが、靴って、玄関に揃えるじゃないですか。他人の家に上がる時は、なおさらそうしますよね。それは礼儀として、美しく見えるからという理由があっての行為ですよね？　その理由を踏まえて、みんな、そうしていますよね？　でも、うちのママは、「靴、みんな、揃えるし」、だけなんです。揃えなきゃいけないものだという認識だけがあって、なぜ、靴を揃えなきゃいけないかはわからないんだけれど、周りがそうしているから揃えているんです。

海くんの盲学校で、生徒が描いた絵を乾かすために、いくつもの絵を床に並べていたんですが、その絵をママが踏んだんです。

「さおちゃん、絵、踏んでるよ！」

絵を並べていた保護者の人が、うちのママに注意したんです。ちょっと、怒った感じで。当然のことだと思います。そうしたら、ママ、何て言ったと思いますか？

「なんで、踏んだら、ダメなんだ？」

びっくりでした。まさかと思いました。でも私たち、「なんで？」って言われたら、逆にわからなくないですか？　絵はなんで踏んではいけないかなんて、考えたことないですよね。でも、踏んじゃいけないことはわかっています。その「何か」が、ママには理解できないんです。きっと、教え込まれたことがないから。

じゃあ逆に、私はなんで知っているの？　ママは、それを知らないじゃないですか。でも、私は、絵を踏んではいけないことは知っています。海くんも知っています。パパなのかなー、教えてくれたのは。

ママは絵を踏んじゃいけないのもわからないし、外出した服のままで、他人のお布団の上に乗っちゃいけないのもわからない。これも、「なんで？」と言われたら、わからないじゃないですか。

それが、うちのママなんです。私が、ママには根っこがないと思うのは、そういうことなのかもしれません。

多分、私はすごく人に恵まれて、友達のお母さんとかがこれはこうだよと、失敗しても怒らないで教えてくれたりして、私も頑張って礼儀とかを学んだからなのか、ママから教えられなかったことも、ちゃんと身につけることができたのだと思います。それは、海くんにもあります。身についていますね。

ママのことは、初めて会った人には絶対にわからないと思います。私の友達にママのしんどさを話しても、信じてもらえません。

「夢のママ、絶対に面白いじゃん。夢、話、盛ってんじゃん。言いすぎなんじゃゃねえ？」

だから、もう言わないことにしています。その時、何か、ママが褒められていることに違和感があって、変な気持ちになっちゃいました。

別にママが褒められるのが気に食わないのではなく、それって、私の知っているママじゃないママを、夢のママだと思われていて、それもママの一面でしかなく、なんならママの裏面なのに、それが表面《おもて》だと思われている。それで友達には「ママ」ではなく、「さおちゃん」と言うようにしたんです。そうすれば友達の話をしている気分で、ママのことが話せるから。私は「さおちゃん」という「友達」の、この部分が好きだから付き合っているけど、この部分は好きじゃないという感じで。「ママ」にしてしまうと、全部を含めてのママになってしまうので。

沙織さんが療養のために精神科に入院する前日に、沙織さんに会いに自宅を訪ねたことがあった。その時、沙織さんは私に泊まってほしいと何度か、誘ってくれた。

「海くん、夜は盲学校の寄宿舎に泊まるから、海くんの布団で寝ればいいから」

沙織さんは、さっきまで海くんが使ったままの布団を指差してこう言った。

絵を踏んではいけないこと、外出していたままの服で他人の布団に乗ってはいけないこと……、夢ちゃんの言っていたことはこういうことなのかと思った。

夢ちゃんは「教え込まれてないから」と付け加えたが、そういうことなのだ。普通、お客さんが泊まるなら、布団を干して清潔にして、洗い立てのシーツと布団カバー、枕カバーを用意して、気持ちよく寝てもらうための準備をする。私を始め多くの人にとって、それが当たり前のことだと思っている。2人の息子たち、それぞれのアパートに行っても、彼らはそうやって私を迎えてくれる。

そうした「普通」や「当たり前」が、沙織さんにはないのだ。海くんの布団を指して無邪気に笑う沙織さんを見て、夢ちゃんが言いたいことの1000分の1、いや、そのカケラがわかったのかもしれないと、そう思った。

ママの中に何人かの人格がいる

ママは二重人格なのかと、思うことがあります。

今、ママとすっごーく楽しく話してるなーと思えて、楽しい気持ちのまま寝ようと、部屋に戻るから電気を消した瞬間、「なんで、消すのー!」って、突然、怒鳴り始めるんです。

「ごめん、ごめん、たまたま消えちゃったから、明るくするねー」

そう言って謝っても、そこからずっと怒り続けるばかり。もう、何か、一瞬でスイッチが切り替わったみたいな感じで、前後に何の脈絡もないので、呆気に取られるしかないのです。

ついこの前も、私、蒼くんがすごく優しいという話をしたんですが、ママが「パパに似ている」って言ってくるものだから、私、めっちゃ素早く、滑り込むように、「一緒にしないで」って言ったんです。そもそも、人と一緒にされたくないし、その人にしかないものがあるから。

その時はママがキッチンにいて、私が対面でリビングにいたのですが、もう、瞬間です。ママが持っていたパン粉のケースをガンと思いっきり、下に叩きつけるように投げつけたんです。

そして、激昂の雄叫びが飛んできました。

「一緒にしないでって、何! 私が今まで、育ててきてあげたのに!」

もう、いつスイッチが入るかわからない。「一緒にしないで」で入るなら、どこで入るかわかりません。海くんもよく、「物に当たらないでください」って、注意しています。

なんか、よくわからない料理を時々します。すごく、料理をしたい人がママの中にいるっぽいです。この前も、納豆と生魚と豆腐とゼリーとほうれん草と小松菜を、土鍋で焼いて煮たものを自分で作って食べているんですよ。部屋中、変な臭いが立ち込めていて、むせるぐらい。調理法が間違っているのではなく、組み合わせが無茶苦茶で、何というか、ジャイアンの料理。ママは普段、右利きで料理しているのに、この料理が好きな人格の時は、左利きになるんです。

「美味しいから、食べな」

こう言われても、そんな気持ち悪いものは食べられません。

「今、お腹いっぱいだから」

拒否すると、今度は悲しむ人が出てくるんです。

「やっぱり、ママの作った料理なんか、要らないんだね。外食の方がいいでしょう？　外食に行ってきなよ。お金、出してやるから」

どうした、どうした。そんなこと、私、ちっとも思っていないのに。

翌日、キッチンに来て、「何、これ？　変な臭い」って、ママが言うんです。昨日、食べきれなかったので、ラップに包んで冷蔵庫に入れておいたのですが、それを見て、「何、これ？」って、覚えていないんです。その料理はママもさすがに食べられなくて、捨てるしかないんです。だって、ものすごい臭いですから。

多分、ママの中に何人かの人格がいます。一瞬で、切り替わるんです。私には、顔が変わるとかまではわかりません。私は、顔までは見えないですから。でも、人格が変わっていると思います。私は足音で、人を判断することが多いんです。この人の足音はこれだって、覚えているんですが、ママは確実に足音が変わります。低くなるんです。普段はトントントンなのに、ドンドンドンって、すごく変わります。

ただ、自我はあるというか、蒼くんが一緒に家にいる時は変わらないし、変わるのは家族の前だけです。今、「自我」と言いましたが、どこか、判断できる部分は残っていると思うんです。ですから、ママの別人格を知っているのは、パパと海くんだけです。それに本人もどこか、おかしいとは思っています。パン粉ケースを叩きつけた時も、後で「ごめん、ママ、少しおかしかった」って言いに来ましたから。

「変わる」っていうのも、何か理由があるなら、まだ理解できるんです。私が何か、ママの気に障るようなことをして、怒り出すならわかるんですよ。理由があって、「今まで、育ててきたのに!」って激昂するなら、まだいいんです。それは、私がスイッチを押しているから。

でも、普通に話を聞いていたのに、突然、ワーッて怒り出すから、どこに、何のスイッチがあるのかわからない。私、何もママに話しかけていないから、スイッチを押すことをしていないのに、勝手に自分でスイッチを押してのことなのか、押してるつもりもなく勝手にスイッチが入ったのか、とにかくパッと切り替わってしまうわけです。

マイナスになるかもしれない爆弾

学校に行くのが嫌でほぼ家にいましたが、実は、家にいるのも嫌でした。その日のママによって変わるから、毎日、賭けに出ていたようなものです。今日のママは、どうなのか。ひどい時は永遠に愚痴、そして私への八つ当たり。

言うことが結構、コロコロ変わるんです。たとえば、こんな話をママにしたとします。

「前に話していた、かっこいい人から連絡が来てさー」

ママは、「いいじゃん、その人と遊びなよ」って言ったり、「遊んじゃダメだよ」って言ったり。3分前に話していたことと、真逆のことを言い出すわけです。1か月ぐらい経って、思考回路が変わったのならわかるんですけど、3分ですよ。

だから、相談事はしないようにしています。何を考えているのか、わからないから。

私、小学生の頃から、家の中で安心できたのはトイレしか、なかったんです。いつ、ママにスイッチが入ってしまうかわからないから、怖くてビクビクしていて、私には逃げ場がなくて、何か、拠りどころになるものもなくて……。パパは基本、何の役にも立ちません。部屋にいても、ママが入ってくるし、そのママがどんなママかもわからないし、トイレだけ、ママが入ってこないから、トイレはすっごく好きでした。お風呂場もダメです。ママが、「夢ちゃん、夢ちゃん」って入ってくるから。

今ならバイト先もあるし、友達もいるのでいいのですが、中学生までの私には何もなかったから、あの家ではトイレにいる時しか、安心はなかったんです。

ママの中に何人いるかわかりませんが、主人格はママとしても、別人格で子どもがいます。ママの幼少期って、こんなかなっていう。ママは幼少期に甘えられなかったから、甘えっ子の、駄々っ子がいます。喋《しゃべ》り方も、子どもみたいになって。それと、先ほど話した、意味がわからない料理を作る、めっちゃ料理をする人。

人間って、たとえ怒ったとしても、「そうなったのには意味があるね、ごめんね」まで、怒りの中にも幅広い感情をあわせ持つものじゃないですか。それが、ママにはできないんです。怒りのスイッチが入ったら、怒りの感情しか出てこない。だから、「ごめん、言いすぎた」なんてことにはならなくて、ずーっと怒っているのです。

初めに、「悲しい」というスイッチが入ったとします。そこから、「怒り」のスイッチに切り替わったなら、「悲しい」という感情は、ママから全部、消えます。怒りのスイッチがオンになったら、悲しいスイッチはなくなります。スイッチは1個しか、オンにできないんです。怒りしかないので、ものすごく激しくぶつかってきます。そうなると、こちらの態度を変えても全く意味がないわけです。

昔は怖い人のママに怯えるだけでしたが、最近はこういう時、強い言葉をぶつけるようにしています。そうすると、泣き虫の子どもが出てきて、こうなると扱いやすくなることを、さすがに私も会得しました。

「もう寝な。疲れているんだし、お茶でも飲んで、寝な」

こうやって駄々っ子をあやすと、素直に寝ます。だけど、毎日、気分のわからない人間の相手をしなくちゃいけないのが、本当に面倒くさいわけです。

蒼くんは、お母さんを数年前にがんで亡くしているから、「生きているだけ、いいじゃん」っていつも言うんだけど、私は「そうは思わない」……とは口が裂けても言えなくて……。いなかったらいいなーって。自分でも、ママでも。自分がいない世界でもいいし、ママがいない世界でもいい。その方が、ラクそうだから。

私、日頃から「プラス」を求めないようにしています。「いいことがあったらいいな」程度に留めていて、「いいことがありますように」とは思っていなくて、マイナスにさえ、ならなければいいなと思って生きています。

ママとの生活は、「マイナスになるかもしれない爆弾」を常に持っていないといけないので、バイトが終わっても、「ああ、これから家に帰って、マイナスだったら、爆発するかも」って暗い気持ちに襲われます。爆発するギリギリまでバイトしないといけないって、自分で決めています。だから、帰るのは終電近くになっちゃうんです。ギリギリまでバイトしないといけないのが、めちゃくちゃ、しんどいです。プラマイゼロなら、全然、いいんです。

私、「マイナスになるかもしれない爆弾」と「プラスになるかもしれない爆弾」を、常に持っているんです。さおちゃんの感情が、ぴたっと止まった時に、マイナスになるかもしれない、プラスになるかもしれないって、ずっと思っていて、どっちだろ、どっちだろっていうのを、ずっとやってきているんです。それがもう、しんどいです。

だって、ずっと慎重に、その爆弾を持っていないといけなくて……。いつから、爆弾を持っていたのかと言えば、それはもう、小さい頃から持っていました。どこかで、きっと覚えたんだと思います。

解離性同一性障害

解離性同一性障害――、児童精神科医の杉山登志郎さん曰く「子ども虐待の終着駅」であり、虐待の後遺症で最も治療が困難な、重たい症状とされるものだ。90年代以前は「多重人格」と呼ばれ、複数の人格を持つのが特徴だ。

沙織さんもまた、解離性同一性障害にあるかもしれないことが、夢ちゃんの証言から見てとれる。解離性同一性障害を持つ人の約95%が、性的虐待を受けた経験があるという報告もあるが、沙織さんの中に別人格が生まれたのは、実父により性行為を強要され、ずっと天井だけを見ていた、あの時なのではないだろうか。耐え難い屈辱、苦痛の時間を、おそらく沙織さんは別人格に変わってもらうことで、何とか、くぐり抜けることができたのだ。

そして、一切、治療機関によるケアがなされないまま大人になり、母となった。沙織さんに生まれた別人格は、そのまま沙織さんの中にいることに変わりはない。

以前、「ものすごく凶暴な自分がいる」と沙織さん自身、話していたことがある。凶暴な別人格も、きっといるのだ。

どこでスイッチが入るかわからない、ジェットコースターのような激しい気分変動を持つ母親と、一緒に暮らすことの苦しみのほんの一端を、夢ちゃんは話してくれた。

そこに、日常からのつながりはない。脈絡なく、母親が激昂し、泣き、甘えるわけだ。自分の母親にひとつながりの一貫性というものがなかったら、それは子どもにとって、寄る辺なき道を生きるようなものだ。いつ、どの母親の姿を信じればいいのか。楽しいと思っていたのに、突然、激昂する母親が出現するのだ。

「マイナスになるかもしれない爆弾」と「プラスになるかもしれない爆弾」を、ずっと持っていると夢ちゃんは言った。

できる限り、母親がマイナス爆弾を落としてメチャクチャにしないよう、プラスなんて望まない、プラマイゼロの平穏でいられるよう、極めて慎重に、その2つの爆弾を幼い頃から持ち続けなければいけない暮らしは、虐待環境そのものだ。

そこに子どもが子どもとして、安心してのびのびできる暮らしは皆無だ。今、ママが笑っていてうれしいなと思った途端、マイナス爆弾が全てを破壊する。

トイレしか安心できる場所がなかったという、夢ちゃんの子ども時代。

そればかりか、夢ちゃんが小学校高学年から中学生にかけて、一家は嵐に見舞われる。沙織さんの夫、滝川惇さんの不倫発覚を機に、沙織さんは壊れていく。

その嵐に、幼い夢ちゃんが無傷でいられるわけがない。夢ちゃんは「死にたい病」に、何年も苦しむこととなるのだ。

第六章

離婚という嵐

――沙織

初めて心から愛おしいと思えた人に、裏切られるなんて……。

夢ちゃんが6年生、海くんが2年生の時に、夫である滝川惇の不倫が発覚しました。そして、私は壊れました。

夢ちゃんは、4年生の時からパパのおかしな行動に気づいていたそうです。それなのに2年間、誰にも言えずに一人、胸を痛め、「ママ、早く、気づいて」と願っていたそうです。自分がパパのことを話したら、ママが傷つくのではと、ずっと悩んでいて、私が気づいた時には、やっと……という思いで力が抜けたそうです。

夢ちゃんがたった一人で苦しんでいたなんて、一緒に暮らしていながら、私はその苦しみの一端すら、何も感じずにいたのでした。もちろん、夫の裏切りにすら気づかず、なんと能天気に暮らしていたことでしょう。

滝川の不倫を知ってから、夢ちゃんに思い当たることがあったことに気づきました。時に、感情が昂《たかぶ》って、夢ちゃんが激しく泣き喚くことがありました。一人で胸にしまっておく苦しさに、きっと耐えられなくなったんだと思います。あんなに長い時間、泣き喚き続けるなんて、なかなかできないことなのに……。まだ10歳か11歳、一人で抱え込むには、あまりに重い事実でした。

夢ちゃんは私に、「ママ、早く気づいて」と必死に訴えていたんだなーと、全てが明らかになってようやく私は気づいたのです。母親なのにと自分を責めましたが、夫の不倫なんて青天の霹靂《へきれき》ですから、その時に夢ちゃんをきちんと慰めることができたかどうかは、正直、自信がありません。

「なぜ、気づいたの？」と、夢ちゃんに聞きました。

夢ちゃんは、すぐにわかったと答えました。むしろ、なんで私がわからないのか、不思議でしょうがなかったと。まず、LINEでした。滝川は、夢ちゃんがあまり目が見えていないと思っていて、目の前にいても平気で、不倫相手の女性とLINEのやりとりをしていたそうです。

「LINEの画面って、緑に光るでしょ。パパの顔が緑になると、『パパ』って近づいていって、LINEの文字を見ていたの。パパは、私が文字を見えていると思っていないから、全然、警戒してなくて」

夢ちゃんは、パパが女性に会ってきた時は、部屋に入ってきた瞬間にパッとわかるそうです。匂いも違うし、足音が違う。そして、必要以上に話しかけてくるという、態度がまずおかしいって。

手ひどい裏切り

滝川が何か変わってきたなとは、気づいていました。本社のある街に引っ越してきてから、トライアスロンのためにジョギングをして鍛えていた滝川だったのに、ジョギングは滅多にしなくなり、今まで飲まなかったお酒を急に飲むようになり、顔つきまで変わってきました。

仕事上、飲まないといけないということでしたが、ほどほどどころか、大量に飲んで、糖尿病にまでなりかけたんです。

「パパ、糖尿、やばいよ。お腹もちょっと出てきているし、全然、走ってないし、帰ってきてすぐ寝るのは良くないよ」

浴びるほどお酒を飲まないで、身体のためにも早く帰ってきた方がいいと話しただけなのに……。

「うるさいなー！　タダ酒だから、いいだろう！」

今までこんなに怒鳴られたことがなかったから、びっくりしました。私が小言を言ったせいか、夜中どころか、朝帰りが当たり前になってきて。結局、不倫相手の女性と一緒だったわけです。

いつからか、出張の回数が増えていきました。2泊の出張なんてそれまであまりなかったのに、2泊が多くなりました。変だなと思ったので、ＧＰＳで夫の携帯の場所を見たところ、東京に2泊と言っていたのに、ずっとこの街にいることがわかったのです。

ある夜、滝川の寝室の戸の隙間から、スマホ光が漏れてきた時、私は、「今だ！」と思い、戸を開けました。

「パパ、携帯、見せて！」

明らかに恋人同士のやりとりが画面にあり、問い詰めたところ、あっさりと、滝川は不倫を認めました。不倫が始まってから、2年は経っていたこともわかりました。

本当に好きでたまらなくて、私は滝川と結婚したのです。なのに、滝川は私に隠れて、女と旅行したり、お酒を飲んだり、性行為をしたりする関係を2年間も続けていたわけです。こんな手ひどい裏切りが、どこにあるか！　ふざけるな！

相手の女性は、滝川より年上で50代半ばほど。夫とは死別し、2人の子どもは30代で独立していますから、恋愛は自由の身でした。仕事の関係で知り合ったと、滝川は話しました。

口うるさく小言ばかりを言う私と違い、その女性は癒し的な存在で、仕事の話もできるし、価値観も合うし、何を言ってもプラス思考で、そこに惹かれたと、しゃあしゃあと私に説明しました。私の話は愚痴ばっかりで、家に帰ってもイライラするばかりだったとか。

発覚直後のことですが、夢ちゃんがどんな女性なのか、その人に会ってみたいと言うので、滝川と私、夢ちゃん、海くんと、「コメダ珈琲店」に、その女性を呼び出しました。滝川は何度も、「会う必要はない」と拒否しましたが、そんな〝自由〟など、もはや許される身ではありません。

「だって、夢ちゃんが会いたいんだもんねー」

こう言って、私は滝川にゴリ押しし、その女性は「コメダ」にやってきました。

「夢ちゃん、ごめんなさい」とか、何か私への謝罪もあったように思いますが、よく覚えていません。覚えているのは、滝川の横に並んだ女は、私よりはるかに「おばさん」だったことです。私もとっくに「おばさん」ですが、それよりもずっと……。

女性の目の前には、まだ幼い海くんと夢ちゃんがいるわけです。普通はそこで、引きませんか？　2人の幼い子どもから、パパを奪うなんてできないと。パパと関係を持って悪かったと平謝りして、身を引くと思いませんか？　私だったら、相手に子どもがいて、その子どもを見たら、絶対にやめます。感情的には恋愛関係にあるのだから諦めきれなかったとしても、子どもから「パパ、パパ」と私の相手が慕われる姿を見たら、もう無理です。諦めるしかないと思うのです。

しかし、その女は違いました。私に慰謝料を払ったうえで、滝川との関係を断つことなく、今も続けています。

不倫発覚後、私は滝川からきちんと、子どもたちに説明してほしいと頼みました。

「パパはママ以外に好きな人ができて、本当はダメなんだけど、ママを裏切ってしまったんだ。しばらくは別に住むけど、また一緒に住むための別居だから」

こんなふうに、滝川が説明したことを覚えています。

結局、不倫発覚の3週間後に、私は滝川と別居することとし、相手の女性とはお互いに弁護士を立てて慰謝料の交渉を始めました。調停では折り合いがつかず、裁判にまで進みましたが、女性は調停も裁判も、一度もその場に来ることはありませんでした。

無事に慰謝料を受け取った私が次に決めなければならないのは、滝川と離婚するか、それとも滝川が家に戻り、家族4人の生活を再び始めるのかということでした。

しかし、慰謝料取り決めの調停や裁判期間中も、滝川と女性の関係は続いていたのです。

一方、滝川は私に、「オレは家に戻りたい」とずっと言い続けていました。家に戻るなら、条件は一つです。

「だったら、その人との関係を終わらせて、今、住んでいるアパートをきちんと引き払って戻ってきて」

私はその女と完全に切れたのなら、滝川とやり直してもいいと思っていました。かつての、〝劇団家族〟のように、子どもが大きくなるまでは、家族としての形を保っている方がいいのではないかという思いがありました。

滝川は「終わらせてきた」と私に言い、2年半の別居に終止符を打ち、私たちは再び同居を始めました。しかし一緒に住み始めて2週間後、滝川が女性と会っていたことがわかり、さらなる裏切りの苦しみを私は味わいました。

「みんなで、やり直そう」

子どもたちにこう言っておきながら、滝川はまた、女性に会いに行くのです。挙句の果てには、「不倫を公認してくれ」といけしゃあしゃあと、私に言ってきました。

どうせ、女とは続いているんだろうと思いながら、私は1年、滝川と暮らしました。出勤簿のコピーを渡してもらい、滝川のスケジュールを把握していると思っていましたが、その出勤簿は全部、改ざんされたものだということもわかりました。適当に作ったスケジュールを私に渡し、そうやって隠れて半休を取って、女と会っていたのです。

改ざんを知った時、もう、女と会うためなら何でもやるんだなーと、愕然とすると同時に、ある意味、つくづくバカらしくなりました。

また一緒に家族として暮らしていこうと思ったのに、まだ続いていることがわかって、それもスケジュールを改ざんしてまで、私の目をごまかして関係を続けるほど、そんなにその人のことが好きなのかと、自分が惨めになりました。

私、こんなに弱いんだなーって……、思い知らされました。

「惇が嫌になるのもわかるわ」

これは、海くんを産んだ時の写真です。幸せだった時の写真、私、笑ってるでしょ。滝川もこの時は、優しかった。まだこの時は、私のこと愛してくれていたと思う。その愛がなくなったんですね。

もう愛されていないから、女と会っていることを非難しても、逆に、こっちにひどく冷たい眼差しを向けてくる。

女性を擁護したと思えば、時に家族が大事と言ってくる。どっちが、本当の思いなのか。もう滝川に振り回されるのは耐えられないと思いました。ひたすら、惨めでした。私という人間に価値というものがあるとすれば、それがダルマ落としのように、スパーンと全てが一気になくなったと思いました。信じた大切な人からの裏切りは、私に人としての尊厳というものがあるとしたら、そこへの最大の攻撃でした。

私はもう、自分を保つことが、できなくなりました。

離婚成立は、秋のことです。不倫発覚から、5年の月日が流れていました。調停で養育費を決めて、子ども2人で月に10万円としました。小学6年生だった夢ちゃんは、もう高校1年生になっていました。

滝川の両親には不倫発覚直後から、洗いざらい経緯を伝えていました。少なくとも私は、妻です。両親から、不倫の非を息子に説いてほしいという思いがあったからです。

でも、離婚届を出した途端、まさかの手のひら返しにあいました。人って、ころっと変わるんだと思い知らされました。

離婚の条件には、必ず月に1回は子どもに会いにくることを入れました。それが守られないので、義父に訴えました。

「まだ、女と別れずにいるんです。子どもにも会いにこないので、会うように言ってもらえませんか。月1回、会いにくる連絡だって、こっちからしなければならなくて、そこだけは約束していたのに、全く聞いてくれません。女とは、ほとんど一緒に暮らしています」

義父からはもはや、冷たい言葉しか返ってこなくなりました。

「それは、惇がモテるっていうことだろ？　あなたを見ていると、惇が嫌になるのもわかるわ。あなたのような、暴力で人を言いなりにするような、非常識な人には」

暴力？　義父は一体、何を言っているのでしょう。この人たちには、相談しても無理なんだということがわかりました。

滝川からはこう言われました。

「不倫とか、離婚のことなんか、まず、親には言わないだろう」

そんなものなのでしょうか？　離婚するとなったら、義父母に少しは相談しませんか？


冷静に淡々と話すよう努めてきましたが、いい加減、疲れてきました。そろそろ、ブラックな私に入れ変わってもらおうかな。ブラックな私が出てくるとなぜか、元気になるから。悪いことを考えると、ウキウキしてくる。

海くんの携帯トラブルでいろいろやっていて、ちょっとだけ詳しくなったんですよ。死んでいた端末を復活させることができて、別人になりすましてアカウントを作って、不倫の経緯を全部暴露してやろうと思って。L－NEのやりとりとか、不倫が始まった時のこととか、ボイスレコーダーもちゃっかり手に入れています。これはあの「コメダ珈琲」での謝罪会見。謝罪会見での、クソ野郎の写真がこれね。あの時、こっそり動画を回してたし、写真も撮ってたから。ほら、ハゲで、シミだらけのジジイでしょう？

これは、私のいたずら。2人の浮気旅行の2ショット写真を、私のアイコンにしたLINE。

こういうこと、私、平気でやるんで。

〝ブラックな〟沙織さんからのLINE

滝川さんの話をする沙織さんの表情が、一気にどっと疲れ果てているのがよくわかった。そして、「ブラック」と自分で口にした瞬間、顔が明るくなり、言葉が弾む。

〝ブラックな〟沙織さんは夜中、こんなLINEを私に送ってくる時期があった。

「クソ元夫、女と旅行。明日は海のフロアバレーの親善試合が隣の県の盲学校であるから、迎えに来てくれて一緒に行こうと言ってたのに、そんな予定していないだって。バカだ、クソだ。クソ旦那、殺したい」

「さっき見た夢は、元夫をかなづちで、頭をえぐって殴打しまくってました。ほんとにできたら、嬉しいのにな〜。殴っている時の気持ちといったら、たまりません」

「爽快！　そのまま、宙に浮いて気がおかしくなっているところで、目が覚めました。残虐な夢を見たのは久しぶりです（笑）　女の顔を踏みつけて、踏みつけて、踏みつけまくっていました。これも実現できると、最高に嬉しいな〜」

「女の顔面を踏みまくる夢、実現したい。踏みつけて、骨コッパミジンにしたい」

「今朝は何度も金縛りで、夢の中では元夫に電話していて、女と別れてほしいと泣き崩れていました。最悪な夢です。本当に死んでほしい」

「生きるの、めんどくさい　元夫と不倫相手に悔しい気持ちがあることが、悔しいです。離婚してもなんの打撃もない様子。いるだけでもよかったのか、子どもたちが成長するまで我慢すればよかったのかも……いろんな思考が混乱します」

「不倫発覚から憎んでいますので、9年です。不倫しても、家族を大事にしてくれたら、離婚しないです。結婚している時から（不倫相手と）旅行にも行ってたし、何にも変わらない。堂々と行けるようになったというだけです」

「子どもの行事は空けておくというのが、離婚した時の約束でした。中学にもなって、行事に普通、親は行かないと元夫に言われました。盲学校は、一般の学校ではない。海が、ドラムの演奏ができるようになった。見たくないの？　と聞いたら、見たくないと、はっきりと言われました」

〝ホワイトな〟沙織さんだけでは持ち堪《こた》えられない現実を、〝ブラックな〟沙織さんが、壊れ切ってしまわないよう、ガス抜きをしているのだろうか。

「おばあちゃんちから、中学に通いたい」

夢ちゃんは、滝川の実家がある街で中学に通うことになりました。単身、おばあちゃんの家で暮らすことを選んだのです。間違いなく、滝川の不倫による私の混乱から、逃げたいという思いがあったのだと思います。

夢ちゃんは自分から、「おばあちゃんちから、中学に通いたい」と言い出しました。小学校はほとんど不登校の状態の子が、自分から中学に行きたいと言い出して、私は驚きました。もちろん、夢ちゃんのその気持ちを応援したいと思いました。

夢ちゃんは小学4年生の時に、普通の小学校から海くんが入学する盲学校に転入したのですが、ここも夢ちゃんには合いませんでした。

盲学校の小学生は、親が送迎しなくてはなりません。夢ちゃんは盲学校に着くたびに、大泣きでした。結局、門から中に入らないのです。あまりに大声で泣き叫ぶので、他の保護者からは近所迷惑だと言われるし、学校からも「連れて帰ってください」と言われるほどでした。私が車から出た瞬間、中から鍵をかけて、車に籠城したこともあります。先生たちも大勢出てきて、「夢ちゃん、鍵を開けて！」と呼びかけたのですが、頑として応じません。2時間ぐらい埒《らち》が開かず、隙を狙って、私が鍵を開けて、教頭と担任とで夢ちゃんを引っ張り出して、どうにか学校が夢ちゃんを引き受けてくれたりしました。でも、後でわかりましたが、外で2時間ぐらい落ち葉拾いをしていただけだったようです。

救いだったのは、海くんがスムーズに学校に馴染んだことです。手がかかったのは夢ちゃんだけ。ほとんど、私と家で過ごしていました。

一度、義父母の家の近くの中学を一緒に見学しました。夢ちゃん自ら「ここの学校に、行きたい」と、通学への意欲を初めて示しました。こんなチャンス、生かさない手はないと思いました。

「おじいちゃんとおばあちゃんに話してみようか？」

「うん！」

家具などをいろいろ揃えて、夢ちゃんは祖父母の家で暮らすようになりました。

担任となった女性教師がとても熱心な方で、毎日、家まで夢ちゃんを迎えにきてくれました。

「ゆめー、行くぞー！」

おかげで、夢ちゃんは1学期、休むことなく学校に通うことができ、中学は楽しいと私に伝えてくれました。

ところが夏休みに入った頃に、私が滝川の不倫から離婚を考えていることを知った義母は、「もう、あの子は孫じゃない」と、夢ちゃんの滞在や養育をキッパリと拒んできました。受け入れ先がない以上、その街にいることができず、地元の中学に転入手続きをして、夢ちゃんを連れて帰ってきました。

地元の中学は夢ちゃんには苦痛でしかなく、あっという間に不登校に戻り、家で過ごすようになりました。

あれは、中学2年生ぐらいの時だったでしょうか。夢ちゃんに言われました。

「どこからか、『夢はママを苦しめるために、生まれてきたんだ』っていう声が聞こえてくるの」

はっとしました。確かに私は、夢ちゃんに対して、私を苦しめるために生まれてきたのかと思ったことがあります。夢ちゃんにはそれが、幻聴として聞こえているようです。

「それ、ママのせいだわ。ママのせいだよ。ごめんね。夢ちゃん、育てるのが大変だったから」

夢ちゃんにはキッパリと、偽りのない思いを伝えました。

「今はそんなこと、ちっとも思ってないからね」

それで、夢ちゃんが安心できたのかどうか、私にはわかりません。

「死にたい病」

それからほどなく、夢ちゃんの「死にたい病」が始まりました。

「私、あと2年しか生きてないから、好きにさせて。いつ、目が見えなくなるかわからないし、それまで好きにさせてほしいの。2年後に、死ぬから」

ここから事態は、急転直下。自殺寸前と思えるまでに混乱して、取り乱している夢ちゃんを何度も精神科の急患に連れて行くことになりました。あの頃は、救急病院の常連でした。

祥子さんと会う約束をしていた日の早朝、夢ちゃんがおかしくなったので、急患で飛び込んで、それで会えなくなったこともありましたよね。

診察室で、夢ちゃんが叫び暴れるのを見守るしかありませんでした。

「なんか、変な声が聞こえる！　死にたい！　死にたい！」

子どもが「死にたい」って叫ぶのです。ひどく苦しみ、この世もなく叫ぶありさまに、私はなすすべがありませんでした。医師にしても鎮静剤を処方するしか手段はなかったと思います。

「そんな薬の量じゃ死ねないから、次はもっと大量に出して。もう、本当に苦しいだけだから」

夢ちゃんが苦しむ姿を、私はただ見守るしかありませんでした。

退院して落ち着いている時は、「好きなこと、させて」が始まります。

幸い、不倫相手の女性から慰謝料を取ったので、そのお金で夢ちゃんが欲しいというものはなんでも買い与えました。「2年後に死ぬ」と宣言している夢ちゃんを前に、私もどうせ、長くは生きていない。すぐに死ぬのだからと、ブランドものでも何でも夢ちゃんの好きにさせました。

それが今の夢ちゃんの、〝贅沢病〟につながっているのかもしれませんが……。毎月、ネイルに1万円、エクステに2万5000円、お小遣いが月に5万円。5万円もの小遣いをどう使ったかなんて、私は今、聞きたくもありません。

16歳になった頃、目の整形手術をしたいと言ってきました。目が斜視で、それが夢ちゃんのコンプレックスだったのです。確かに、それが自信のなさの表れかもしれないと感じていましたので、渋々、同意しました。整形手術のためには、私の生命保険の保険金を崩すしかないと覚悟して。

「死にたい」、「死にたい」を繰り返す夢ちゃん。夢ちゃんは2年後、どうやって死ぬつもりなのでしょうか。前にお話ししたように、私も死ぬことばかりを考えていた高校生でした。

「夢ちゃん、他の人がショックを受けるような死に方や、迷惑をかける死に方はやめてね」

このことだけはいつも、夢ちゃんに伝えました。

私は、死ぬためにいろいろな手段をシミュレーションし尽くしていましたから。

「電車の飛び込みはやめて」

「ビルから転落するのも、下に人がいる可能性があるよ」

死にたいと言っている夢ちゃんに、私はそんなことを話すしかありませんでした。

17歳になった頃、蒼くんという男の子が、しばらく、ウチに住んでいました。蒼くんは、それまでまじめに勤めていたバイトを辞めて、「死にたい病」の夢ちゃんのそばにずっとついていたのです。

「僕がいても、夢ちゃんの支えにならない」

夢ちゃんを支えているはずの蒼くん自体がだんだん病的になってきて、蒼くんも一緒に「死にたい」と喚くようになりました。

「2人ともおかしいから、一度、同居を解消した方がいいと思う」

見かねて提案しました。おかしな共依存的な関係になっていったのです。

あれは、真冬の凍えるような冷たい夜でした。夢ちゃんから蒼くんの家まで送ってほしいと言われ、車で蒼くんの家に向かいました。夢ちゃんは私の隣、助手席に座っていました。蒼くんの家に行くには、大きな川を渡らなければなりません。

その時、私は「死ぬならここだ！」と思ったのです。

このまま、川に車ごと飛び込めば、真冬の冷たい水だ。一瞬で凍死するだろう。そう、確信しました。

「夢ちゃん！　死ぬなら、今だよ！　ママも一緒に死ぬよ。このまま、川に突っ込むよ！」

海くんは、滝川に育ててもらおう。この世にはそもそも、何の未練もない。

アクセルを思いっきり、ぐいと踏み込みました。その瞬間、助手席から叫び声が上がりました。

「やめてー！　今じゃない！」

瞬間、ブレーキを思いっきり踏み、川岸ギリギリで車は停車しました。

「2年後に死ぬ」と言っていた夢ちゃんでしたが、いつの頃からか、「死にたい」とは言わなくなりました。

「死ぬ」って言っていたから、あんなに湯水の如くお金を自由に使わせたのに。死ななかったことはよかったのだけれど、今も私をイラつかせる夢ちゃんの金銭感覚の欠如は、この頃から始まったのだと思います。

実父の自殺

この頃、実父が自殺しました。タレントの小林麻央ちゃんが亡くなった日に、これ見よがしに首を吊ったのです。

実父がどんな人間かというと、一言で言うなら「鬼畜」です。

実父と継母は、私が滝川と結婚した頃に離婚しました。滝川は結婚式にどうしても継母にも出席してほしいと粘りましたが、「父親と並びたくない」と頑として断りましたから、その頃にはとっくに関係は破綻していたのでしょう。

父親は祖父の莫大な遺産を相続し、私たち〝劇団家族〟が住んでいたマンションの他に、繁華街の一角に5階建ての中古ビルを買い、月17万円の賃貸設定をして貸そうとしました。でも借り手がつかないために、仕方なく、父親と別居した継母が住んでいました。いよいよ2人が離婚することになり、継母は〝劇団家族〟が住んでいたマンションを慰謝料代わりに自分にくれと要求して、中古ビルを出て、前の家に戻り、カメラ屋も閉じました。

父親は継母が出て行ったビルの一室に、キャバクラで出会った、2人の子どもがいる若いシングルマザーを無料で住まわせ、そこから、その女の子にどんどんお金を使うようになりました。自分とツーリングするためにハーレーダビッドソンを買い与えるとか……全てがそんな調子でした。

父親はさらに近所の中古マンションを1200万円の現金一括で買い、なぜか、私の名義にしてくれました。ただ、私の名義なのに、私は父親に家賃7万円を払って、そこで暮らしていました。滝川と結婚する前のことです。

早くに家を出て行った兄には田舎にある500万円の土地を買い与えたのですが、父親は息子とログハウスを建てるのが夢だとか言い出して、料理人をしている兄を休日に呼び出して一緒に建てろと強要しました。兄は嫌だったと思いますが、仕方なく従っていました。

結局、父親はその女の子に金を貢ぎ続け、父親のお金が底をついたところで、その女の子は逃げて行きました。部屋はボロボロ、借り手すらつかない状態にして。その女の子にお金を全部吸い取られて一文なしになった父親は、私に「おまえ名義のマンション、売っていいか」と言ってきました。いいも何も、買ったのは父親です。父親にはもう、祖父が残した財産は、そのマンションしか残っていませんでした。私名義のマンションが安い値段でやっと売れて、父親はその金で老朽した一軒家を借りて、身寄りのない女の子をそこに住まわせて、自分の世話などを頼んでいたようでした。

どこかで兄は、父を見限ったのだと思います。兄に縁を切られてからは、父は私に「お金、貸して」と電話をしてくるようになりました。それで、私は30万円を貸しました。

「さおちゃん、毎月、2万ずつ返すからさ」

調子のいいことを言っていましたが、一回も返ってはきませんでした。2回目は、40万円を貸しました。父はペテン師まがいに、ペラペラと話術が巧みで、いつも押し切られてしまうのです。口達者で「これでこれでこうだから、何か月後には、ほら、返せるでしょう」とか言われると、私も私ですが、「そうなのか」と思って、うかつにもお金を渡していました。

でも、私の判断で貸せるお金はそこまででした。

「さおちゃんに、いい方法、教えてあげる。クレジットカードで、お金、借りれるの、知ってる？　簡単に借りられるから、借りてきて」

「うん、わかった。でも、ダンナに相談しないと」

「なんで、ダンナに言うんだ？」

「私個人で持っているお金なら貸せるけど、もう、本当にないの」

「そっか、しょうがないな」

それで、父親の言う「いい方法」を滝川に話しました。

「それって、『借金しろ』って言われているんだよ。それだけは、やっちゃダメだよ。それは、断じてできない。今までのものは返さなくていいって、言ってあげて」

そこから、父親から連絡が来ることはなくなりました。こちらから「元気？」とメールしても、「ちょっと、そっとしておいてくれるか」なので、連絡をすることはなくなりました。

計画して死んだ父

鬼畜の所業を高校生の私にしていた父親に、なんで、こんなにお金を貸したり、気にかけたりするのか、きっと疑問を持たれると思います。

でも、「孫に」って、ｉＰａｄを買ってくれたりしたんですよ。私、そこが弱いところで、子どもを可愛がってくれるなら、それでいいかと思っちゃうんです。それは、滝川の両親に対してもです。

父親に口の臭いを嗅がされたことがあります。

「さおちゃん、オレの口、口臭があるか嗅いでみてよ」

「それは、ちょっと……」

「なんで、できないんだ！」

父親にすごまれると、それに従う私がいます。気持ちが悪くてたまらないのに、私には「断る」という選択肢はありませんでした。

まだ、やりとりをしていた頃は「生活保護を申請した方がいいよ」とか、父親の身体や生活を心配していたのですが、何を言っても「めんどくさい」。健康のためにタバコをやめてほしかったのですが、「タバコをやめるぐらいなら、死んでもいい」の一点張り。

「一文なしなんだから、保険も解約して、車も手放さないと」と話しても、「めんどくさい」。

結局、「そっとしておいてくれ」から連絡を取ることがなくなり、それから3年後に、警察から電話がありました。

「滝川沙織さんですね。お父さんが亡くなりました」

「え？　自殺ですか？」

「それは、これから調べます。お父さん、再婚されているの、ご存じですか？」

「いや、知りません」

「その方が今後のことを相談したいとおっしゃっているのですが、お電話番号、お伝えしていいですか」

すぐに、その人から電話が来ました。電話の向こうで、泣いていました。父親は同居していたその女性と、籍を入れていたのでした。

「すみません、私が目を離した隙に。帰ってきたら、もう、亡くなっていて……」

兄と私が父親の家に、駆けつけました。死んだ後の片付けなどは兄が全部やってくれたのですが、父親が首を吊ったロープを処分しないといけないなんて、それはどれだけ嫌なことだったか。耐えられないことだったと思います。私には首にかかっていたロープなんて、触るのもおぞましすぎて、聞くだけで身の毛がよだちます。

父親の部屋はすごいゴミ屋敷で、何でも買いだめしてネズミのように収集し、置いてありました。ラブホのアメニティがゴミ袋に5袋はありました。掃除をしないため、見たことのない埃のかたまりがあちこちにあり、どれもこれも、タバコのヤニで黄ばんでいました。その反面、妙に潔癖なところもあり、部屋の片隅には、紙袋とかスーパーの袋とかを几帳面に畳んで積み上げていました。

テーブルの上には裸で7万円が置いてあって、「あっ、この金で処理を頼む」という意味なのかと思ったけれど、私がちょっと目をそらした隙に、女の人が7万円をかき集めて、小銭も全部、ポケットにしまい込みました。父親としては死後の処理を、その7万円で業者に頼んでくれというつもりだったと思うんです。だけど実際、処理も何もかも、兄が全部やったわけですから、本来なら、兄が受け取るべきお金でした。

父親は結構いい保険に入っていたのですが、その高額な保険金は妻であるその人に、全部、行きました。そういう約束だったのだと思います。保険金をあげるから、この家に一緒に住んでという。彼女は、父親とはお金だけの付き合いだったと思います。父親は面倒を見てもらうというより、一緒に住んでほしかっただけなのかもしれません。

一人っていうのが、そんなに嫌だったんだ……。

そんな人だったわけです。自立できない、しょーもない男だった。

私たち兄妹には、何もありません。莫大な借金があり、督促状が山のようにありました。私と兄は弁護士に頼んで相続放棄をしました。

父親が計画して死んだことは、私には丸わかりでした。金庫も鍵が開けられていましたし、散り際をいつにするか、そのタイミングを待っていただけだったんです。2017年6月22日、この日、小林麻央ちゃんが亡くなって、その日にしようと決めたんだと思います。同じ日に死んだら、みんな、忘れないだろうっていう魂胆で首を吊ったんです。いい大人なのに、どこからどこまで寂しがり屋なのか、情けない。最後まで、子どもにこれほどの迷惑をかけてどんづまりでおっ死《ち》んだ。これが、私の父親という人の最期でした。

継母は父親より5、6年ほど前に、がんで亡くなりました。亡くなる1週間前にお見舞いに行った時には、足が象のように腫れ上がっていました。水が溜まっていたんです。水は抜いても、抜いても溜まってきていて、これは末期だなとすぐにわかりました。

「海くん、かわいいねー」

連れて行った海くんをとっても可愛がり、継母はうれしそうに笑いました。そうやって子どもを愛しいと思ってくれる姿を見て、それだけでもう、私はこの人を許そうと思いました。

「これからは、もっと会いに来るね」

心からそう思いましたが、1週間後、継母は呆気なく逝きました。62歳か、63歳だったと思います。父親は、69歳だったと思います。

結局、あの人たちは、私にしたことに対し、何一つ良心の呵責など持っていなかったのでしょう。一切、謝ってもらうことはなく、2人とも帰らぬ人となりました。

いつ送ったか記憶にない

「てめーら、許さんからな。プロに頼んでぶっ殺す！」

時々、こんなLINEを滝川に送っています。いつ送ったか、記憶になく、先ほどスマホを見た時に気づいて取り消しました。私のLINEには、こんな取り消しが滝川に限らず、たくさんあります。今回も記憶なくLINEしてしまいましたが、滝川と不倫相手は、一緒にいる時に事故で死んだらいいのにと心から願っています。

滝川への憎しみを、私は解き放つことができません。それは、私達とあの2人が近距離に住んでいて、頻繁に会ってしまうせいもあるかもしれません。

先日も海くんとスイーツを食べに入った店で、滝川があの女と食事をしているところに出くわしました。私たちを見つけた滝川がしきりに「帰れ、帰れ」と目配せしてくるので、仕方なく店を出ましたが、中学2年になった海くんは納得できないと憤慨していました。

滝川のジョギング帰りにばったり会ったことがあり、その時は滝川の家に上がらせてもらいました。滝川はジョギングしてきたのでシャワーを浴びると言い、一人になった私は部屋を物色して、女のメイク道具を見つけました。その中からクレンジングを取り出し、こっそり捨てようと流しに持って行ったんです。何か、嫌がらせをしてやろうと思って。そうしたら、浴室から滝川が顔を出し、「やめろ！」「帰れ！」と言って、シャワーのお湯を思いっきりかけてきたんです。もう全身、びっしょりになって、それでさすがに帰ってきました。

それから数日後、夢ちゃんがバイト帰りにデパートで、お菓子をお土産に買って、家族のグループLINEに「みんなで、お菓子、食べませんか」って提案してきました。滝川からは「OK。夜9時に行きます」と返事があり、私が夢ちゃんを駅まで迎えに行って帰る途中、滝川から「もう、着いたよ」とLINEがありました。オートロックの暗証番号を知っているから、勝手に家には入れるんです。家には、海くんが帰っていますし。

滝川が勝手に家に上がっていることも嫌だったし、シャワー事件のすぐ後だったので、私は滝川にはできれば会いたくなかったのです。でも、夢ちゃんが「みんなで食べよう」と言っていることに、「それは、今、すごく嫌」とは言えませんでした。

なので、家に入ってちらりと滝川を見て、「やっぱ、ママ、ちょっと寝るわ」って、さーっと自分の部屋に入ったんです。海くんは友達とゲームの真っ最中で部屋から出てこなくて、結局、夢ちゃんと滝川が2人で食べて、20分足らずで滝川は帰って行きました。

「もう、お菓子なんて買ってくるんじゃなかった！」

玄関で、夢ちゃんがそう言っているのが聞こえました。

その後、夢ちゃんに謝りました。

「ごめんね、夢ちゃん。でも、なんで、買ってこようと思ったの？」

「美味しそうなお菓子があったから、みんなで、和気藹々と食べられたらいいなと思っただけ」

「ごめんね。せっかくだったのに」

「それはいいよ。美味しいから、さおちゃんもお食べ」

「夢ちゃんの方が、お母さんみたいだね」

そう思った途端、涙が溢れて止まらなくなりました。泣いている私を、夢ちゃんが抱き締めてくれました。

「情けない、ごめん。未だに、どうしていいか、わからなくてさ」

「そうだよねー。ママはパパのこと、大好きだったもんねー。今も、大好きなんだよねー」

「それはもう、わからないんだけど」

「ねえ、ママ、正直に話して。パパと何か、あった?」

さすが、鋭い夢ちゃんです。シャワー事件のことを話さないわけにはいきませんでした。

「もし、私がパパの立場なら、同じことをするかもしれない」

「そうだよね」

「別に、そうするには、相手に理由があるってだけ。さおちゃんは、自分から傷つきに行くからねー。ママはとことんやって、相手が怖いと思うまで、自分から行っちゃうから、傷つく。そうならないと諦められないから、やっちゃって、そして深く傷つくんだよねー」

「もう、それ以上、言わないで」

私はまた、ボロボロ泣いて、こんなどうしようもない母親を、夢ちゃんは「わかっているから」と、慰めてまでくれるんです。今やもう、「死にたい」夢ちゃんのカケラもありません。

自閉症スペクトラム的な特性

未だにここまで滝川に執着している私ですが、じゃあ、滝川が愛すべきいい男なのかと言えば、決してそうではないことを、私は結婚生活の至るところで思い知っています。

滝川は基本、愚痴は言いません。でも、それは人に興味がないからだと思うのです。これまで子育ての悩みや子どもの問題とか、私の心配や不安をどんなに滝川に聞いてほしいと思っても、一度もそうしてくれたことはありません。全て、「仕方ないじゃん」で終わりでした。

ずいぶん前になりますが、小学校低学年の頃、夢ちゃんが児童心療内科に入院したことがありました。私が女性医師に、「娘を殴ったり、酷いことを言ってしまう」と苦しい胸の内を告白したからです。

「娘が憎くてたまりません。私、夏休み中に殺害してしまうかもしれません」

「それは、マズイわね。入院を考えましょう。距離と時間を置いて。でも、お母さんが入院させてつらいと思ったら、やめましょうね」

「は？　そんなこと、ちっとも思いません」

「わかりました。ただ、会いには来てくださいね。入院期間は2週間で考えましょう」

入院の初日はさすがに滝川も、送りがてらに付き添ってくれました。滝川の様子を観察していた女性医師は、私にこう言いました。

「夢ちゃんとお父さん、似ているんですよね。グレーゾーンですね」

夢ちゃんはこだわりが強いところなど、自閉症スペクトラム的な特性が指摘されていますが、滝川にもその要素があるということなのでしょうか。

この指摘で、いろいろ思い当たることがありました。滝川は同僚や後輩などと友達になるという発想はなく、家に招待するとか、友人と一緒にバーベキューに行くとか、そういう交友関係を必要と思っていないと言っていました。でも、女は作りますし、よく風俗に行っていたことも承知していています。一般的な社交的コミュニケーションはできる人なのでわかりにくいのですが、共感性がなく、妻や子どもを思いやるとか、気持ちを受け止めるとか、そういう「心」を持っていない人なのだと感じます。自閉症スペクトラム的な特性のせいなのか、宗教二世という生い立ちの問題のせいなのかはわかりません。

海くんが小さい時、私が野菜を切っているまな板に突然、海くんが指をパッと出してきて、おろした包丁で指先が切れたことがありました。ものすごい出血だったので、私は滝川に車で救急病院に連れて行ってほしいと、泣きながら頼みました。心配でたまらなかったから。なのに、滝川は何度頼んでも「大丈夫だろう」と何もしようとしませんでした。翌朝、海くんを連れて病院に行ったら、あまりの傷の深さに驚かれ、なぜ、すぐに連れてこなかったのかと医師から叱責されました。7針も縫うという大怪我を負っていたのに、滝川は自分の子でありながら、平気で放置できるんです。子どもを心配するという「心」そのものがないとしか、私には思えません。

一番嫌だったのは、車に乗っていた時に、私は大便がしたくなって、どこでもいいから停まってほしいと頼んだ時のことです。パチンコ店や飲食店がたくさんあるのに、車線変更もせずに走り続け、いくら頼んでも「高速に乗ったら、すぐにあるから」と言われ、停まってもらえませんでした。高速に乗りましたが、トイレはなく、かなり走らないとありませんでした。私は我慢できずに、漏らしました。その時、生後1か月の夢ちゃんを抱いていて、漏らした時のために、夢ちゃんのオムツを自分に当てていましたが、我慢した分、大量で、しかも下痢でした。漏らした瞬間、滝川は大笑いして、「くっさー」と言いながら、窓を全開にしていました。私はその時に、この人と結婚するんじゃなかったと思いました。パーキングまでじっとしているしかなく、私は無言でした。バックミラー越しに笑っている滝川と目が合いました。その時の表情を、今でも覚えています。背筋が凍りつく、薄ら笑いでした。

こんな男なのに、なぜ私は7年経った今も、滝川を諦めきれないでいるのか。それはやはり、この世で初めて信頼した人間であり、心から愛していると思えた唯一の男性だったからだと思います。

離婚したのですから、彼らは今やもう、「不倫」ではありません。大人の自由恋愛です。でも、滝川が女と旅行していると聞くと、ふつふつと怒りが湧き上がります。

だから、ノートに思いの丈《たけ》を書きつけます。

「クソ元夫は、女と旅行。バカすぎて呆れる。人に興味ない？　我が子に興味ない親は確かにいる。私の実母もそう。父親もそう。継母は知らない。子どもに興味ない人は多くいると思う。

可愛いとか愛情のない人もいる。元夫はサイコパスで、Ｔｈｅアスペだから当然。何度もなぜ？　と思っても、期待しても無駄だったことを忘れるというか、ほんの少しでも、という期待がやはり出る。願望だと思う。もう一生、無理。クズさにうんざり」

「あー、ほんと死んでほしい」

　そう思う一方で、心は揺れ動きます。

「元夫と離婚してもうすぐ1年7か月。離婚してよかったと思う方が多く、その気持ちの方が大きな範囲を広げてきたので、楽になってきた。けど、大恋愛で、好きで好きで仕方がなかった頃を思うと、子育てが終われば、また2人で暮らせたのだろうかと、ふと思うこともある」


　沙織さんの混乱ぶりはのちに、夢ちゃんにも語ってもらうことになるが、取材していた頃は不倫発覚から6年、離婚から1年以上が経っているというのに、沙織さんは滝川さんへの怒りを吐き続けた。吐いても、吐いても、その怒りは枯渇するどころか、激しく燃えたぎっていくばかり。そしてその怒りは、沙織さんを心身ともに痛めつけているのも明らかだった。

　突然、北海道の草原で馬に乗って笑う中年女性の動画を見せられたことがあった。見せられたところで、どうしたらいいんだろう。なぜ、沙織さんは滝川さんが女性と旅行した際のプライベート動画を自分のスマホに取り込んでいるのだろうと、訳がわからず、こちらも混乱してしまう。

　沙織さんが前に言っていたように〝ブラックな〟沙織さんが普段の沙織さんと入れ替わり、

滝川さんがスマホを残して席を外した時などに、ロックを外し、中身を自分のＬＩＮＥに送信したのだろうか。そうすることに何の躊躇《ためら》いもないと、沙織さんはキッパリ言っていたが、そうではなく、そんな動画を見ることで心の傷がますます深く抉られるのは、沙織さん、あなたなんだよと言いたかった。

誰がプリンを食べたのか？

私、「どちらの私と話したいですか？」って、ＬＩＮＥしたのですか？　それ、覚えていないです。

夢ちゃんへの虐待が止まらなかった時期、心療内科のクリニックでカウンセリングを受けていました。先生が私の話をパソコンに打っていて、席を外した時に、その画面を見たことがあります。

「長男を連れて、来院。長男とは穏やかに接する。しかし、長女の話になると、目つきが一変、言葉遣いも変わって、すごく強い口調。今までの女性と、違う感じの女性になる」

その記録を見て、「先生は、こう見ているんだ」と驚いたことを覚えています。

私はかなり前から睡眠薬を飲んで寝ているのですが、翌朝、目覚めた時に、寝る前に何か食べていたらしいと、あとで気づくことがあります。でも、食べたということ自体を、覚えていないことはよくあります。

滝川が家にいた頃のことですが、冷蔵庫に置いてあったはずのプリンが朝、なくなっていました。私はプリンを食べていないので、家族に尋ねました。

「プリン、誰、食べたの？」

滝川も夢ちゃんも海くんも、同じことを言うのです。

「食べてなーい。ママしか、いないんじゃない？」

「私、食べてない。絶対に食べてない」

「じゃ、ゴミ箱、見てみたら？」

夢ちゃんに言われてゴミ箱を見たら、空になったプリンの容器が捨ててありました。ということは、えっ、私なの？　まさか。だから苦し紛れにこう言っておきました。

「もう、もう、誰かわからないね」

私は未だに、自分は食べてないと思っています。どうしても認められない。

時に、不思議なことが起こります。朝、起きてキッチンに行ったら、鍋がどんと、ひっくり返っているのです。鍋から大量の料理もこぼれてキッチンコンロに散らばっています。その鍋は「倒れた」なんてものではなく、見事に裏返っていて、これだけのことをするだけでも大変なことだと思われました。ある種、「技」です。

ひっくり返っているのもびっくりですが、料理を作ったことすらも覚えていないんです。

たまたま心療内科の診察があり、ものすごく驚いたことだったので、その鍋の写真を先生に見せました。

「え？　どうしちゃったの？」

「何か、記憶になくってやらかしちゃうこと、やっちゃうことがよくあるんですけど、朝起きたら、こんなになっていたんです。何かにぶつかって落ちたとかじゃなくて、まるで投げ飛ばしたぐらいの感じで、しかも、料理がすごい量なんです」

「これを、あなたがやったの？」

「覚えてないんですけど、朝起きたら、こんなふうになっていて」

「これ、いつのこと？」

「だから、一昨日です」

「えー、最近じゃない」

医師とこのようなやりとりをしたことは覚えていますが、遠方のクリニックのために疲れて通いきれなくて、その後、治療は中断しました。

そういう不思議なことが、時々起きるんです。

睡眠薬とアルコールの飲み合わせが良くないことはわかっています。だから、最近はお酒をなるべく飲まないようにしています。

朝に目覚めるとよく、お腹がパンパンなことがあります。割れるかもっていうぐらい。何を食べたのかは、覚えていないんです。なんで、こんなにお腹がはち切れそうなのか。苦し過ぎて病院に行こうかなと思うぐらいなんですが、キッチンに行くと、炊飯器の蓋が開いていて、お櫃《ひつ》が空っぽなんです。その時はちょっと思い出しました。なんか、最初に、丼にごはんをよそっていたのを。そして、豚汁があったことも思い出しました。豚汁をごはんの丼にかけて食べたであろうと思われるのは、スプーンが横にあったからです。きっと、そうしたのです。夢ちゃんはいなかったし、海くんは盲学校の寄宿舎に泊まっている日だから、これを食べたのは、私しかいないんです。

最近のことですが、小豆を入れて炊く酵素玄米を、前の日に炊飯器いっぱいに作ったと思うのですが、翌朝には全部がなくなっていました。食べる量がおかしいとしか、思えません。満腹中枢とかが、めちゃくちゃになっているんだと思います。だから、結構な量を食べているのですが、その記憶が飛んでいるのです。

ただ、自分の中に、急にスイッチが入る感覚は何となくわかるんです。

それは、もう暴走です。いきなり沸点に達するんです。多分、過去の何かを思い出した時ですね。それでも、今は誰かを殴ることは、止められるようになっています。その代わりに、ものを投げることをしています。ものに当たるしかない感じです。何かを持っていたら、それを投げつけます。荒っぽくやりますね。

「やめて。ものに当たるの、やめてください」

海くんからは、冷静にこう言われます。キッチンやリビングで暴発しているのですから、海くんの注意は当然です。本当に海くんの言う通り、ものに当たるのはよくないことだと思っています。

私は今、保護猫を受け入れて、躾をして、里親さんに譲渡することをやっているのですが、猫の指導をしていて、何回言ってもわからないからなのか、なぜか、高いところから落っことしたんですよ、子猫を。ほんと、かわいそう。何が何だか、わからない。猫に何をするかわからない私が、怖いです。

今度、夢ちゃんにも聞いてみようかと思います。私から叩かれたことを、覚えているかどうか。思いきり、張り手したことを、思い出したらどうしようとは思いますが……。


「え？　これ、私が送ったんですか？」


ある時、沙織さんが私に送ってきたＬＩＮＥの文面を、沙織さんに見せたことがある。

以下のような文面だ。


「おなかすいた」

「おなかすいた」

「たべたいよー」

「おなかすいたよー」

「たべものちょーだい」

「お肉、たべたい」

「おなかすいた」

「死ぬくらいおなかすいた」

「どーすんの」

「おなかいっぱいにならないの」

「ね～～～たすけてよ」

「ねーーーーー」

「はらへったっていってんじゃん」

「おい」

「おい」

「たべものくれ」


「え？　これ、私が送ったんですか？　全く記憶にありません。まるで、子どもみたい……。最後は怒っているじゃないですか。そんなに、食べたいわけ？」

沙織さんは、ひどく驚いていた。全く覚えがない様子だった。

いろいろなＬＩＮＥが来る。いつもの沙織さんがほとんどだが、時に子どものようになったり、ぶっきらぼうな知らない人のようになったり。ＬＩＮＥの待ち受け画面が滝川さんと女性が旅行中に2人で笑っている写真になっているものも、「コメダ珈琲店」で滝川さんと女性が謝罪しているワンショットも送ってくれた。そしてたくさんの、「送信を取り消しました」の文字。

「昨日は、片付けをしたみたいで、何をどこに片付けたのかわからなくなって困っています」

そんな中、LINEで一番多いのがこれだ。

「生きてるのがめんどくさいです」

「すごく孤独です」

満身創痍で孤独の海を泳ぐ沙織さんに、私は、ただ「大丈夫?」と問いかけの返信をするしかない。LINEの画面を前に、いつも私は途方に暮れる。

第七章

殺しちゃう前に、死んでくれ

――夢

小学6年生の時に、ママがようやく、パパの不倫に気づきました。そしてママがおかしくなり、私がしっかりしないと、「マジで、うち、終わるな」って思って、それをきっかけに私は癇癪を起こさなくなりました。それまでは、学校に行きたくないと癇癪ばかり起こしていたのですが……。起こさなくなったのは、その時からだというのは覚えています。

ママはパパのことが大好きで、相当、ショックだったとは思います。それは、未だにですが……。とにかく、めちゃくちゃ荒れて、毎日、お酒に溺れて、朝に帰ってきて、「夢ちゃん、靴、脱がせろ」って、私が寝ていてもおかまいなしに言ってきて、私を起こします。私、睡眠障害があって、いつもやっと眠れたと思った時なのに、「夢ちゃん、話を聞いて、話を聞いて」って起こしてくるんですよ。もう、ほんと、わがままな〝かまってちゃん〟。

別に子どもがいなくて、パパとママ2人っきりの暮らしだったらよかったのですが、子どももいるんだし、大人らしい行動をしてほしかったと思います。私ももし、彼氏に浮気をされたらショックで泣くし、やけ酒もするかもしれないけど、でも、もうそのレベルじゃ全然なかったよーって。
あれは人格がどうのではなく、タダの女でした。「彼氏に浮気されたー、あり得なーい、やけ酒したーい」という、タダの女。私のような18歳で、子どももなく、自分で築き上げた家庭がないのなら、それはいいんです。でも家庭があって、子どももいて、ママは一般的に見て子どもを守るべき立場であって、私は守られる立場じゃないですか。別に、感情を全部、抑えろとは言いません。やけ酒だって、したっていいんです。でも、自分で大丈夫であるというふるまいができないのであれば、親として、子どもを守れるわけがないので、そんな人間には、「子どもを産むな」と言いたいです。当時、小6の私はそんな難しいことは言葉にして考えていませんでしたが、間違いなく、そんなことを思っていました。もう、ママのこと、見ていられなくて……。こっちが、おかしくなっちゃいそうでした。

「ね、夢ちゃん、会いたいよね？」

パパは、感情的にならない人。多分、ママとの生活に疲れたのだと思います。パパは家で仕事の話を持ち出さない人なのに、ママはしつこく聞いてくるんです。パパがしょうがなく話すと、ママはマイナスになるような反応しかしなくて、パパにすれば、言わなきゃよかったぐらいの話になるんです。前にもお話ししたように、家の中はパパが仕事に出た時のまま、食事も用意してないし、寝乱れた布団がそのまま。だから、パパは何か、気持ちを紛らわせるために不倫したのかなー。

パパの気持ちもわかるんです。前にも話しましたが、パパは仕事で疲れて家に帰ってきたら、炊飯器にはホカホカの炊き立てごはんがあって、部屋が片付いていて、洗濯物ができていていてというのが理想なんですよ。でも、家は朝、出て行った時のまま、ごはんもできてません。ママの躁鬱もひどかったし、一旦、逃げ出したくなったのかなー。

不倫って、そりゃあ、する方が悪いですよ。もちろん、人を殺した方が悪いですよ。でも、そこに何か理由があって、これほどの理由なら仕方がないかもって、私、そう思っちゃうんです。人を殺すことは罪に問われるわけだから、踏みとどまった方が賢い人間だというのはわかるんですけど、もし、Aさんという人がママを殺したとしたら、Aさんのこと、私も殺したいと思っちゃう。それは、仕方のないことだと思っていて、不倫する方が悪いけれど、あのママだったら仕方がないとも思うんです。

ただ、パパって、父親の責任なんてちっとも思っていなくて、私、「パパにしてもらってうれしかったこと、なあに？」って聞かれても、何も思い浮かびません。

不倫が発覚して、間もない頃だったと思います。コメダ珈琲に4人で、ごはんに行った時、ママがいきなり、「ね、夢ちゃん、会いたいよね？」って言い出しました。

「パパ、ねえ、連絡してよ。ねえねえ、夢ちゃん、会いたいよね？　会いたいよね？」

確かに、私としても不倫相手がどんな人なのかは気になりましたが、そこまで前のめりに会いたいわけではありませんでした。ママはパパの携帯を取って、勝手に連絡をしたんです。それで、その人がコメダにやってきたのです。

私は、その人に言いました。

「慰謝料とか、お金は要らないので、時間、返してほしいです。時間、返せますか？」

その人は、「返せません」と首を振るばかり。

「返せないんだったら、こんなこと、しないでください」

私は、もうこれで話し合いなんて終わりだと思っていました。瞬間、思いもしないことが起こったんです。

ママがパパと不倫相手の頬を、グーで思いっきり殴ったんです。コメダで、しかも、海くんと私の目の前で。パパは歯が折れたのか、血だらけで、その女性も口が切れて血まみれでした。殴ったことをママ、話しましたか？　言わないと思います。自分に非が１００％ある時は、絶対に言わないです、ママは。


あの時、海くんは小2、私だって小6ですよ。咄嗟に海くんの顔を隠して、トイレに連れて行きました。海くんはショックのあまり泣きじゃくって、私は「大丈夫だよー」って背中を撫で続けました。どうして、こんなに小さい海くんの前で、人を殴るのか。海くんが、かわいそうでなりませんでした。

席に戻ったら、もう修羅場でした。パパとママが激しく言い争って、不倫相手は黙って俯いていました。いや、言い争うというより、ママが一方的に怒鳴りまくって、その非を言い募るばかりでした。

正直、私は小4の時にパパの不倫に気づきました。パパは私の目が見えないと思い、私の前で平気で不倫相手とLINEをしていましたから、文面は見放題でした。気持ち悪いのですが、「好きだ」とか、「会いたい」とかの文字が飛び交っているわけです。それに不倫相手と会ってきた後のパパは、様子が変だったし、気づかないママがおかしいと思っていました。

パパの不倫には気づいていましたが、ママに言えばおかしくなるのはわかっていたので、その時からずっと黙っていて、大役を任されたみたいに、秘密にしていたんです。それで、少しずつ、自分の体調がおかしくなっていったんです。でも、そのことだって、ママには言えませんでした。

そんな状態で殴る場面を見せられて、普通でいられると思いますか？　私だって、血だらけの顔は見たくもありません。

「あんたが、不倫に気づいたから悪い」

その後も毎日、パパの愚痴ばかり聞かされ続けるし、私、壊れそうだったんです。本当に壊れて、壊れて、どうしようもなくて、このままだったら、私、死んじゃうって。それで、おばあちゃんの家に逃げたんです。おばあちゃんと暮らすことにして、そこから中学校に通ったんです。今は海くんを残してきたことを後悔しているんですが、その時は、そんなことを考える余裕は全くなくて、おばあちゃんの家へ逃げるように引っ越しました。

おばあちゃん、酷かったです。あれはもう、デスノートがあれば書いています。

ママは不倫に気がついてからすぐに、おばあちゃんにそのことを話したんです。だからというか、私は、同居してからずっと、おばあちゃんから罵倒されることになったのです。

「あんたが、不倫に気づいたから悪い」

「あんたが気づかなかったら、平和に終わっていたのに」

今なら「この人、何、言ってんの」と理不尽さに腹が立ちますが、その時は自分が崩壊して、壊れる瀬戸際にいたので、言葉の一つひとつがグサグサと刺さり、もうグラグラでした。落ちるしかなかったというか……。

おばあちゃん、パパが不倫したのに、その不倫もパパが悪いって認めないんですよ。息子愛というか、そして宗教。だから、ものすごく厄介なんです。

「あんたたちがお祓いしなかったから、こうなったんだ」

もう、ほんと、おかしい。すごく変わった人としか、言いようがなくて……。

でも、中学校はすごく楽しかったんですよ。学校が楽しいと思ったのは初めてで、何が違うのかわからなかったけど、とにかく楽しくて、毎日、休まないようにしようって必死に通っていました。大好きな先生がいて、その先生に、おばあちゃんに言われたことを話すようにしていました。

「大丈夫、先生がなんか、言ってやるよ」

本当に、いい先生でした。そんな先生との出会いも初めてでした。

でももう、おばあちゃんが嫌すぎて、私は友達の家に逃げ出しました。その友達の家に何日か泊めてもらっているうちに、私は初めて、「あれ？　うち、もしかしたら、だいぶ変わっているかもしれない」ということを自覚したのです。

変わっていることの一番は、常にママの機嫌をうかがって日常を過ごさなければいけないということです。

その家でも私は、お母さんの顔色をチラチラうかがっていたのです。すると、お母さんに言われました。

「緊張してる？　緊張しなくていいんだよ。自分の家みたいに、過ごしてくれれば」

でも、家みたいって、ママの顔色をこうしてうかがうことが通常なんだよなーって思ったら、そこで気づいたんです。あれ？　他の家では、お母さんの機嫌をうかがわなくて暮らせるんだ、って。今日はママの気分はどんな感じかなーって、地雷を踏まないようにするのが、私の日常だったから。

ママは、最初のうちは「離婚、離婚」ってパパを脅かしていたので、ついに、おばあちゃんは私にキツイ言葉を吐くようになりました。

「離婚するんだって。じゃあ、あんたは他人だわ。他人が一つ屋根の下にいるって、変な話だわ」

もう、おばあちゃんとの同居は無理でした。おばあちゃんって、すごく世間体を気にするんです。私は世間体なんて、うざいと思っていますが、離婚するのも恥だとか、ごちゃごちゃ言ってくるんです。もう、しょうがないことだし、それを、しかも私に言わないでほしい。

「やめてー」と押しのけたかったです。

「夢ちゃん、離婚を止めてよ」

いや、私が止めて何になるの？ 離婚を止められるなら止めるけど、私が止めて離婚しなかったとして、うまく行くわけがないじゃないですか。両親がうまくいっていない環境で育っていかないといけないのは私であって、おばあちゃんたちじゃないわけです。じゃあ、離婚して、私がママの戸籍に入ったら、もう孫じゃないから、となるわけです。

おばあちゃんというのは、こういう人なんだとよくわかったし、それで精神が持たなくなって、家に戻ってきました。大好きな先生にちゃんと挨拶もお礼もできずに、中学からいなくなって、今でも申し訳なかったと思っています。

家に戻って、少し落ち着いてきた時に、海くんを残して出て行ってたことに気がついて、なんてことをしたのだろうと後悔が募り、海くんに「ごめんね」と謝りました。

後から知ったのですが、私が家を離れている時のことで、ママは海くんを連れて、パパの会社に乗り込んだそうです。何をしたのかは知りませんが、海くんは何もわからずについていくだけなので、私がそばにいたら、「こんなこと、やめろ！」って言いたかった。本当に、海くんがかわいそうです。

私、パパから聞いて、笑っちゃった話があります。

「あのさぁ、夢ちゃん。ママに内緒なんだけど、この前、出勤したら、急に会議が開かれてさ、会社の窓ガラスが割られています、ということで。石が、投げ込まれていました、と。防犯カメラの映像を見て、そこに映っている人って、『これ、ママじゃん』って」

そこでパパは、ママが犯人だと気づいたのです。

「どうなった？　ママ、捕まるの？」

「いや、一回限りなら、大ごとにしないっていう話だった」

多分、酔っ払って一人で夜中に行ったんだと思います。

これは、私の目の前で起きたことです。怒ったママが、パパの新車を、持っていた傘でギギーッと傷つけて、ものすごい傷がついたんです。その傷を直すためのお金って、その時はまだ離婚していないから、2人で共有しているお金から出すわけで、自分にも損になるのに、なんでやるの？　って。ものに当たっていいことなんかないのに。パパのスマホも投げつけて、画面をバリバリにして。すぐにパパ、新しいのに替えていましたが、怒りが発動すると、ママは衝動が止まらないんです。

私、別に死んでもいいかな

おばあちゃんの家から戻ってきて、その時ぐらいから、私、別に死んでもいいかなと思い始めて、それで2年後に死のうと思ったんです。

その時、中2ぐらいだったと思います。またママとの生活が始まって、もう、ダルッ！　ダル過ぎって思って。おばあちゃんともいろいろあったし、いや、もう、これ終わらせたいって。死にたいとかじゃなくて、何かもう、終わらせたいみたいな。もう、面倒くさいって……。

その時は友達にも恵まれて、いい人もいたし、いいこともあったけど、でもそれ以上に、ママのことが大きすぎて、これだけ、うざいの、どうしたらいいの？　私、もう耐えきれなくて、別に死ぬのでもいいやって思っちゃうぐらいのしんどさでした。

それで、「死にたい、死にたい」が始まったんです。

でも、ちょっと気持ちが強く持てた時、「え？　これって、違うんじゃない？」って思ったんです。

「いや、なんで、私が死なないといけないの？」

「いや、待って。私、まだ14じゃん。なんで、死なないといけないの？　なんで、私、死にたいって思ってる？」

なんだろう、これ。一瞬でも直感的に感じたことを、初めて一人で、しっかり考えてみたんです。

その時に、私、別に人のせいにするつもりじゃないんですけど、ママが原因だなって思ったんです。

「ママがいなかったら、私、悩みごと、今、一つもないよね？　全部、楽しいよね？」

だから、じゃあ、ママがいなくなったらいいじゃんって思っちゃった。めっちゃ、お酒飲んでる時に、このまま、アルコール中毒で死なないかなーって。別に私、殺したいと思ったことは、一度もないですよ。それはないんですけど、たまたま車の事故とか、ないかなーって。そうしたら、「夢ちゃん、不幸だったねー」って悲しいこととして、名残惜しいかのように、ママとのことを終わらせることができる気がして。

ママを殺したいと思ったことはないですけど、殺しちゃう前に、死んでくれっていう思いでした。殺しちゃう前に、死ぬか、死なないか、しないといけなくて。これって私の人生だし、私が死ぬのはおかしいし、オマエが死ねよ！　って思ってました。

ママがいなくなればいいと、おばあちゃんちから帰ってきて心から思っていました。

たまらなかったのは、その頃、ママがバーで知り合ったブラジル人とか、どこの国かわかんない外国人をいっぱい連れてきて、すごくうるさくて、朝、リビングのドアを開けたら、〝異文化交流〟です。マジかーって。何を言っているか、私には話す言葉が全然わからないんですけど、なぜか、ママは会話が成立していて、ある意味、ああ、すごいな、この世界って。一つの座布団で3人の外国人が寝ていたりして、これがうち？　って、見たくもありませんでした。

「夢ちゃん、今日からホームステイだよー」って、たまったもんじゃなくて……。しょうがないね、うちのママならって思うけど、こっちはもう壊れそうなのに、やめてーって叫びたかった。ブラジル人、毎日は勘弁してくれー！

だから、2年後に死ぬことに決めたんです。私は小4の頃から、長くは生きたくないと思っていたんです。だって、面倒くさいから。毎日、気分のわからない人間の相手をしなくちゃいけなくて、本当に面倒くさい。この環境が憂鬱でたまらなくて、今、頑張るよりは、死んでもいいかなーって思ってしまうんです。

中学生の間はずっと「死にたい」って思っていて、急患で精神科に連れて行かれ、入院もさせられましたが、病院は死ぬほど嫌なので、「いい子にするので、帰してください」とお願いして、家に帰ってきました。

17歳になってその2年が経ったんですけど、もうちょっと生きることにしようと思い、死ぬことはやめたんですが、その前の3か月間、私、鬼のように体調を崩して、うつみたいな感じで、ずっと泣いていました。

なんで生きているかわかんないのに、生きちゃってるって……、ずっと死にたい、死にたいって泣いていたみたい。というのは、その時の記憶が、私、ポッカリとないんです。

蒼くんがうちに住み込んで一緒にいてくれたのですが、私が死にたいって包丁を持とうとするのを止めてくれて、その時は海くんも一緒に止めてくれたって、後で説明されたのですが、本当に何も覚えていないんです。

私が死んじゃいそうだということで、蒼くん、仕事を辞めちゃったんです。私を一人にしたら、いなくなっちゃいそうだからって。

私、寝なくて泣いていて、寝たと思っても、すぐに起きちゃって、起きた時に、蒼くんがいないと泣いちゃうそうなんです。

「オレは夢ちゃんが寝たのをみて、オレも寝て、夢ちゃんが起きたら、オレも起きる」

ずっと、そんな生活だったみたいです。蒼くんには、ずっと泣いて死にたいって言っている人が隣にいて、本当に申し訳なかったなーって思うけど、頑張ってくれたんです。

今はもう死にたいと思っていないし、生きていたいと思っていると、蒼くんにちゃんと話をして、それで安心してくれました。

死にたいと思っていた時、私、ママにすごく甘やかされました。私、欲しいものを我慢したことがないんですよ。ママが「買っていいよー」って言ってくれるから。グッチのカバンにミュウミュウの財布、コーチのカバンにディオールのピアスにネックレス、全部、持っています。物欲が止まらなくて、止まらなくて、止まらなくて……。永遠にコスメ買って、永遠に服買って、カードの請求が毎月40万ぐらいだったらしいです。でも、ママは何も言わなかったんです。「いいよ、いいよ」って感じでした。

それが最近になって、ピタッと止まったんです。

「夢ちゃん、最近、おさまったね」

「もうさ、手に入りすぎて、欲しいものないんだよ」

「うん。ママね、それを待ってたんだ。いつか、なくなるよって」

今、ママの言う通りになっています。ディオールのカバンを持ちたいと思うけど、それは夢であって、現実ではなくて。前は髪に3万円かけたり、遊びの交通費も全部、ママ持ちで、大阪、東京、もう、どこにでも行って。もう、めちゃめちゃ、無茶やってました。

私は恵まれてるし、贅沢させてくれたママには感謝してるし、でももし結婚するとして、何でも買ってくれる人がいいかといえば、今はそうは思いません。ものすごく仲が良くて、距離感も最高で、でも、お金に困っているとします。でも、距離が近いからこそ、工夫し合おう、寄り添おうっていう考えが生まれて、もやしのアレンジを一緒に考えたりとか、そういうのを一緒にできる人の方が絶対に楽しいと思うし、価値があると思っています。

ママの面倒くささも、今の職には生きている

私、高校に行くことに決めたんです。電車で20分かかる都市に、「メイクライセンスコース」のある高校があり、ここに入りたいとパパとママに話をして、パパが授業料を全額出してくれました。メイクが大好きだったから、それを仕事にできればいいなーという夢が初めてできたんです。

メイクアップアーティストというのはお客さまに対して行うものだから、一定の距離を保た

ないといけないんです。でも私は、見えないから近づいてしまう。

「近いです。お客さんに圧を与えてしまうので、離れてください」

先生には私の目のことを話していなかったから、当然、距離を指摘します。離れたら、私、全く見えないんです。メイクって技術だから、感覚でできることじゃないんです。しかも、人の顔に合わせてやらないといけないから、まず、お客さまの顔を見なきゃいけなくて、顔に合わせてメイクは変わるものだから。それも4択とかじゃなくて、何百種類、何千種類とあるわけです。同じ顔の人って、いないから。

それで、私には無理だなと判断して高校を辞めました。でもこの理由は、ママにもパパにも言えませんでした。ママは、高校を辞めた私にこう言いました。

「夢ちゃん、パパが、『結局、夢ちゃんはこうなる。オレは高校に行かなくなると、最初から思っていた』って、言ってたよ」

それ、わざわざ、私に話さなくてもいいことじゃないですか？　それを言ってくるのが、ママなんです。

高校在学中、時々、身体が起き上がらなくて行けない日もありました。その日、ママが私に言ったんです。

「夢ちゃんはやる気がないから、行けないだけなんだ」

言い返さなかったけど、これまでママはどうだったの？　私、ママにそんなこと、言ったことないよ。

ママがごはんを作ってくれなくて、私が海くんのごはんを作って、ママのごはんも作ったよね？

「本当に起きるの、無理だから」ってママは言うわけで、私、ちょっと呆れた部分もあったよ。「いやー、それぐらいやってよ」って。でも、ママにしかわからないものがあると思って、我慢していたわけでも、溜め込んでいたわけでもなく、理解して、飲み込んでいたの。私、ママを受け止めていたんですよ。

なのに、ママは私に、「やる気がないんじゃない？　面倒くさいんじゃない？」って言ってくる。確かに、面倒くさいよ、学校に行くのは。遠いし、駅から歩くのも嫌だし、先生の話を聞くのもだるいし、でも、私、メイク、楽しいし……。

メイクアップアーティストになりたい人って何千人といて、障害者っていうハンデがある分、できない人だと思われちゃうんです。それは、仕方のないことだと思うんです。今までのバイトだって、何回も応募して、初期の頃は不安だったから目のことも話して、それまでは「いいね、いいね」だったのに、話した瞬間、不合格になるんです。目のことを言わなかったら合格で、言ったら不合格。でも、ふるいにかけられるのは、当然だと思います。

メイクアップアーティストも、検定で落ちるのは間違いないけど、検定に受かったとしても、そこから多分、楽しくなくなっちゃう。自分らしさがなくなっちゃうと、思ったんです。

お客さまに顔を近づけすぎるというのは、１００％ＮＧなんです。じゃあ、「視覚障害を持っている、メイクアップアーティスト」と出せば、それをお客さまに伝えて許可を貰えばできるかもしれないけれど、私、悔しいから、そんなこと、やりたくないんです。なら、居酒屋でいいし、カラオケ屋でいいんです。居酒屋とカラオケ屋さんのバイトはどっちも、目のことを言わなかったから合格で、こっちなら簡単にできちゃうから。

今は「コンカフェ」、コンセプトカフェっていう、メイドカフェみたいなところで働いています。ドリンクを提供するだけのカフェではなくて、ドリンクを提供した後に、お客さまと話をしなくちゃいけなくて、〝ガールズバー・お子ちゃま版〟みたいな感じなんです。

本当に、いろんなお客さんが来るんですよ。面白いお客さんもいれば、自慢したいだけの人とか、怒る人とか、いちゃもんつける人とか、本当に変な人が来るんですよ。

いつも、「夢ちゃん、ちょっと対応してきて」って、そういう変な人の対応を任されていて、私、それがうまいんです。毎回、キレるためだけに来る人がいて、さすがに「そこは、回らなくていいよ」って店長に言われるんですが、「いい、私、回ってくる」って行くんです。八つ当たりをしにくる人で、最初はすごく怒っていました。

「なんでさー、オマエ、こんなところで働いてんの？　オレなんかさー、一生懸命働いてきて」

「そっかー、泣きたい？　一緒に泣こうか？」

まるで〝ママ対応〟しているみたいに、ママのことを思い浮かべて、ああ、こうすればいいんだって。結局、一緒にチェキ撮って、楽しく話をして。ママが甘えっ子になった時の対応と同じだから、ママの面倒くささも、今の職に生きてはいるんだってプラスには考えています。

「ママ、人として、ダッサイことしてるよ」

ママは相当、カッコ悪いです。本当は「不倫したオマエなんか要らねえよ」って、簡単にポイッとパパを捨てちゃうぐらいがいいんです。別に、ママにカッコよさは求めてないけど、それが清々《すがすが》しいし、一番、自分のためになるし、マイナスにはならない。でもママは、そのことを知らなくて、ママはまだ、パパのことを信じているんです。戻ってくることに賭けているというか、まだ情があるというか……。

一番良くないのは、海くんを使うことです。海くんが学校で何かを作ってきた時に、ママはこう言うんです。

「海くん、それ、パパに見せに行く？　パパに渡しに行く？」

だから、私、ママに注意します。

「それだったら、『ママがそれ、パパに見せたいから、海くんも一緒に行く？』って言うべきなんだよ」

海くんがパパと遊びに行く時に、ママは海くんにＩＣレコーダーを持たせるんです。パパの荷物に仕掛けて来いと。

「海くんは探偵じゃないんだから、スパイみたいなこと、させないで。息子なんだから」

海くんはＵＦＯキャッチャーにはまっていて、パパがお金を出してくれるので、しょうがなくパパと遊びに行くんだけど、ママは言わなくていいことを海くんに言うんです。

「パパは不倫相手と電話してるんだよ、海くんがゲームしてる間に。それでも、行きたい？」

私は、それは海くんに言っちゃいけないことだとママに何度も言っていますが、海くんがパパと遊びに行くたびに毎回、言っています。言われる海くんの気持ちはどうなのか、パパがお金を出してくれるから、まあいいか、なのかもしれないけれど。

「夢ちゃん、旅行に行きたい？　パパも誘いたいでしょう？」

「ねえねえ、夢ちゃんから誘ってよ。ママが言っても、旅行には行ってくれないし」

これも私は何度も言われていて、そのたびに言います。

「ねえ、ママが行きたいだけでしょ？　ママが会いたいだけでしょ？　それなら、ママがこうしたいんだよって、言えばいいんだよ」

本当に、ママは子どもをよく口実に使うんです。この前も、パパに電話をしていました。

「海くんが会いたがっているから、会いにきて」って。それ、ママがパパに会いたいだけなんです。

いい加減にしてほしいと思い、最近は強めに言っておきました。

「ママ、人として、ダッサイことしてるよ。自分の感情ぐらい、自分で伝えられなくて、自分の機嫌、自分で取れなくて、なに、やってんの？　自分のモヤモヤやイライラを自分が選んだ人にぶつけるのはいいかどうか、知らないけど、それを子どもに向けるのは絶対に違う。意味がわからん。なら、子どもを産むなっていう話だから」

ママは「ごめーん、ちゃんと言う」って言ったあと、何を言っているのかわからない言い訳をごまんと付け足して、言い訳すぎて訳がわからない。

「今までのこと、海くんに謝ってもいいと思う。海くんは使われていることに気づいているから、謝られることで傷が抉られることもあるかもしれないから、その辺はちゃんと見てほしいんだけど」

言いすぎぐらい、かなり強めに話しました。それぐらい言わないと伝わらないし、それでいいと私は思っています。

ママはまだパパのことが好きでしょうがないけど、裏切りという酷いことをされたから、パパのことを嫌いになりたくて、パパの悪口ばかりを私に言ってきて、それが日常なんです。パパのこと、ずっと言い続けていて、でも言わなくてもいいことが多すぎて、それを別に、人に話すなって言いたい訳じゃなく、それを私に話すなって言いたくて。私はまだ、ママの子どもでいたいんですよ。私は今、18歳で、もうすぐ成人するのだけれど、永遠にママの子どもなんです。

だけど、子どもに話すことじゃないよねっていう話ばっかりをするんです。ママには実家がなくて気軽に話せる人がいないせいかもしれないけれど、私がパパのことをよく知っているから、聞いてほしいとなっちゃう。一つ話すと、そう言えばこう言うことがあって、これもこうなんだけどって、もう、終わらない。ママは、今思っていることを言いたいんです。引き算と足し算しかわからないのに、掛け算の話をしたって、わからないじゃないですか。それと一緒で、話には順序があると思うんです。ママは今、思っていることをそのまま言いたいんです。話に順序とかなくて、ただ聞いてほしい、慰めてほしい、なんですよ。

もう、うざったくて、しょうがなくて……。だって、終わりがないんだもん。面倒くさいから、スマホいじりながら聞いていると、いじけるんです。

「夢ちゃんだって、聞いてくれないし」

そこから、私が大変だったっていう昔の話が始まって、それのループになるんです。そんな話を真剣に聞いていて、ママは一体、私がどうなると思ってるの？　これは聞いておいた方がいい話だなって思ったら、私、スマホはやめて聞きますし。

ママは私にとって聞きたくない話だとわかっていないのか、聞きたくないだろうなって思いながら、意地悪で話しているのか、自分を慰めてほしいのか、よくわからないんですよ。

その話が終わったら、また同じ話をし始めるんです。怒りが溜まっているから、何回話しても足りなくて、吐き出して、吐き出して、どんどん、どんどん、悪口だけが追加されていくんです。

私は別にパパのこと嫌いじゃないし、好きでもないけど、そんなふうに言われると、パパのこと、全部、悪く思えちゃって……。誹謗中傷に乗っかってるヤツみたいになっちゃうんですよ、私が。ネットで、「いいね」をしている気分になっちゃう。私は共感しているわけでもないし、「いいね」をしているわけではないのに、ママはママの都合のいいことしか話さないから、１００％、パパが悪いわけですよ、その話って。

でも、話を探っていけば、ママがこれをしたから、パパもそうなったわけで、パパも大人気《おとなげ》ないけど、もっと大人気ないのはママで、どっちもどっちっていう話なんですよ。それをなんで、娘の私が聞かされるんだって。

それを言ったところで、「何が？」っていう感じで、「どういうこと？」みたいな話ばかり。そして必ず、極論に行くんです。「自分は、親になっちゃいけない人間だった」とか。別にそんなことをこっちが言ってるわけじゃないし、愚痴だって言っていいんだけど、限度というものがあるでしょう。

今、ママの中に聞いてほしいという欲がいっぱい溜まっていたとしても、自分をある程度、制限して、相手のことを考えて、言葉を選んで、話をする長さを選んで、どの部分を話すか考えて、そうやって話してほしい。心からの願いです。だって、私、子どもなんだから。

夢ちゃんはよく忍耐強く、母親の話を聞いていると思う。話というより、愚痴と悪口のオンパレード。沙織さんが吐き出す毒をそのまま、夢ちゃんは被《かぶ》っている。沙織さんの毒は吐いても、吐いても、消え失せない。歯止めすらなく、娘に向かって垂れ流される毒。娘は仕方なく聞き流し、時に優しく軌道修正を試みる。

まさに、ヤングケアラーの構図だ。夢ちゃんは何度か、「だって、私、子どもなんだから」、「私は永遠に、ママの子ども」と私の目を見て訴えた。それこそが、夢ちゃんが胸の奥に沈めてしまった本当の思い。掬《すく》い上げてほしいと、心から望む願いだった。その切実なまっすぐな眼差しに、心がキリキリと音を立てる。
ならば父親にと思うが、夢ちゃんは父親には端《はな》から何一つ期待などしていない。
両親のどちらにも、夢ちゃんの子どもとしての思いは届かない。

お土産なんか、買ってこなければよかった

先日、私、隣の街のデパートに行って、久しぶりに時間があったので、ずっと欲しかった服を買って、何か食べたくなってお土産を買って帰ろうと思ったんです。家族4人で食べればいいかなって思って、家族のグループLINEに「お土産のお菓子、よかったら一緒に食べませんか」って流したんです。そうしたら、パパが「お仕事終わりに行くねー」って返してきて。すごくうれしかったんです。仲良くまではいかなくても、わいわいできたらいいかなーって。

ママが駅まで車で迎えに来てくれて、パパと私、家に着くのが同じくらいの時間になったんです。

「ママ、そろそろ、パパ、うちに来ると思うけど」

ママにそう伝えて、コンビニに寄ってもらいました。私、目が見えないから、商品を探すのに時間がかかるんです。でも、5分も経っていなかったと思う。ママが、すごい勢いでコンビニに入ってきて、いきなり怒鳴り声です。

「夢ちゃん、急いで！」

めっちゃ、怒られて、急いで買って、車の助手席に乗り込みました。私が扉をまだ閉めていないのに、車を動かすんです、ママ。

「危ない、危ない、ママ、危ないから」

急いで扉を閉めて。でも、ママはシートベルトを締めてなくて、フットブレーキも踏んでなくて、ピーピーピーって鳴っているんですよ。

「ちょっとうるさいから、止めて。私、頭が痛くて、そのピーピーが響くから止めて」

こう言っただけなのに、ものすごいドスの効いた怒鳴り声が飛んできて、「もうちょっとなんだから、我慢して！」って怒られて、異常なほど殺気立っているんです。

人を殺したのがバレたのか！　っていうぐらい、ピーピーのまま車を走らせ、目も血走っていて、それで家に着いたんですけど……。

パパも悪いんですけど、パパが買ってくれた家だし、オートロックだけど暗証番号を知っているから、私たちが帰ったら、パパがもう家にいたんです。

ママは「はあー」ってなって、そそくさと部屋に入って、出てこなくて、なんか怯《おび》えているから、何かあったんだろうなとは思ってました。

海くんもゲームをしているから部屋から出てこないし、結局、2人でお菓子を食べて、10分ぐらいで、パパは帰っていきました。

「パパ、帰ったよ」って、ママの部屋の扉を開けたら、すごく怯えていて、「勝手に家に上がってこられるのが嫌だ」とか、「部屋を片づけたかったのに」とか、ぶつぶつ言い出すんです。

「あーあ、お土産なんか、買ってこなかったらよかった」

なんかもう、怒りというか、情けなさというか、何かを期待しちゃった私がバカだったんです。

でも、お母さんだし、お父さんだし、期待したいし、仲良くしたいし、なんか、悲しくて。

ママは「ごめんね」と謝ってくれたけど、別に謝られても、もう遅いし。

「パパに、お水、かけられたの」

「出たよ、それ」

ママはパパを悪者にするために、パパが悪いことをしたことしか、私に言わないんです。何かあるとは思ったけど、聞こうか聞くまいか、結構、迷ったんです。絶対、さおちゃんと喧嘩しちゃうと思って。私だって人間だから、耐えられなくなっちゃうこともあります。でも、私の感情を爆発させてしまうと、ママがもっと爆発するから、結局、私が溜め込んで、溜め込んでいるのがいつもだったのですが、一人で抱え込むのも嫌だから、話をしました。

「あのさ、もうそれ、やめた方がいいと思う。どれだけパパが酷いことをしてきたとしても、パパを悪者みたいに私に見せないでほしい。パパも突然、お水をかける人じゃないと思うけど」

「恥ずかしいから、話したくない」

「なら、パパがお水をかけたっていうのも、言わないで」

「わかった。話す」

ママはようやく、パパの部屋で、女性のクレンジングを流しに捨てようとしたことを話し出しました。それで、パパに水をかけられたと。

「別にママを苦しめたいわけじゃないけど、そろそろ、パパがかわいそうだよ。パパがかわいそうになってきちゃうよ」

「もう、わかってる。わかってるから、言わないで」

今度は泣き始めて、もう、うわーってギャン泣きです。私が、ママをヨシヨシして抱きしめて……。

「あの女が、パパの家にいるのがおかしい。そうじゃなかったら、ママはこんなこと、していない」

「いやいや、違う。わかる話をしましょう。もう、離婚してるんだよ。解決してる。2人の関係を終わらせるという選択を、しかも、ママが望んで採ったわけ」

もう、何やってんだろう。

「2人で、よく旅行にも行ってるし」

一番聞きたくないのは、パパの性事情。マジで、興味ない。いいか悪いかではなくて、気持ち悪いんですよ。だって、パパなんだもん。そういうの、ママって何もわかってないのかなって思います。

地震が来た時に、覆いかぶさってくれるのはママ

私がこの時、15歳だったら、児相に行くかもしれません。ずっと行くか迷っていたけど、児相の一時保護所って狭苦しい場所だっていうのは知っていたから、それだけは嫌だって思っていました。それにママの全部が嫌だったわけじゃなかったから、好きなママとの時間を楽しもうと思っていました。でも、今のこの状況で、私が15歳なら、自分から児相に行っちゃうなと思います。

今の私には、「しんどい時は、いつでも来な」って、合鍵を作ってくれた一人暮らしの友達もいます。その子も私と一緒で、実家には、トイレしか居場所がなかったんです。「トイレよりは広い家だから、くつろいで」と言われたのが、すごくうれしくて……。まだ自分で経済的には自立できていないし、どうにもできないけど、さおちゃんと距離を置きたいなって思っています。

でも、そうすると、海くんの負担が大きくなっちゃう。海くんはスルーがうまいけど、スルーしても怒鳴り声は聞こえてくるわけだから。この前もパン粉ケースを床にぶちまけたけど、ママはスイッチが入ったその瞬間、見えている何かしらを壊したくなるんです。

ママが海くんの上に覆いかぶさって、首を絞めようとしたこともあります。その時は私が必死で、ママを退けて……。一度ではなく何回か、海くんはママに首を絞められています。私も、

小学生の時だったかな、首を絞められたことがあります。ママが乗っかってきて、普通に、殺されんのかなー？　みたいな。

だけど、地震が来た時に、私たちの上に覆いかぶさってくれるのはママなんです。いつだったろう、夜中にすごい揺れがきた時。寝ている私たちの上に覆いかぶさって、身を挺して守ってくれた。それが、私のママなんです。

第八章

変わらずに、愛してくれるから

——夢

中学生の頃はずっと死にたいと思っていましたが、今は死にたいとは思っていません。だけど、生きたいわけでもないんです。生きていくことに、私はそう前向きにはなれません。

例えば、今ここに強盗が入ってきたとして、「この中で、一人が身代わりになって死ねなら、全員が助かりますよ」と言われたら、私、「ああ、全然、いいですよ」って手を上げます。「死にたい病」になっていた時とはまた違うんですが、積極的に生きたいという気持ちは、小4の頃から18歳の今まで、ずっとないんです。

別に希望がないわけでも、今に満足していないわけでもないんです。逆に、友達からは「夢ちゃん、幸せそうだね」って言われます。私は割に好きなふうに洋服を買うことができるので、私にそう言ってくる子は買いものを我慢しないといけないから、私が羨ましくて、幸せそうに見えるのです。

でも、それってないものねだりというか、私からすれば、毎朝、お母さんがちゃんと起きて、朝ごはんを作って、お弁当も作ってくれて、お母さんの機嫌をうかがわずに1日がスタートするというのは、なんて幸せなことなんだろうと思います。それって、私が小さい時からずっと望んできたものであるからこそ、とっても輝いて見えるんです。

そのような私が望むような幸せが、1日たりとてないのなら、まだ諦めもつくのですが、そうではない日もあるわけです。ママが1日中、機嫌がいい日もたまにはあって、だから今日は機嫌がよかったけれど、明日はどうなるかさっぱりわからなくて、私の日常って、この繰り返しなんです。

良く言えば、ママが希望を持たせてくれるのだけれど、悪く言えば、希望を持たされちゃうわけなので、どっちつかずの中途半端な気持ちになっちゃって、積極的に日々、生きていきたいと思えないのかもしれません。

人の顔色をうかがう癖

ママの機嫌が今日はどうなのかってことが、小さい頃からの日常だったので、私には人の顔色をうかがう癖があります。先日、蒼くんと行ったラーメン屋さんで、隣の人が店員さんにクレームをつけていて、それが嫌すぎて、私、ラーメンを食べられませんでした。蒼くんは何も気にせず食べているけど、私はそっちの方が気になって、蒼くんの話も耳に入ってこなくて、「店員さん、裏でめっちゃ泣いているだろうなー。きっと、新人さんなんだよなー」って、いくら考えても、解決しないようなことばかり考えていました。

満員電車でおじいさんがよろければ、私の立っている位置が悪かったんだろうって自分を責め、吐き気がしてきて、その電車を降りるぐらい考え込んでしまうんです。あとになれば、それは考えすぎだとわかるんですけど。

蒼くんといる時は楽しいし、安心するんですけど、そうであっても、蒼くんの顔色を、私はいつもうかがっているんです。最近は、蒼くんもわかってきたみたいで、「夢ちゃん、今、気にしてるでしょ」と言ってくれます。蒼くんはあまり話さない人で、ごはんを食べていても、感想を何も言わず、ただ黙々と食べる人なんです。私はそれが安心できなくて、何か気に食わなかったのかなとか、私の選んだお店が良くなかったのかなって、顔色をうかがっちゃうんです。

蒼くんは、私と真逆の環境で育ってきました。何も考えなくていい環境だから、「美味しいかどうか、感想ぐらい、言ってよー」って迫ると、「別に、言わなくていいと思った」って驚きます。私って「え？　そこまで」と言うところまで聞きたくなってしまうので、私と会っている時は、蒼くんにはちょっとした試練なのかもしれません。

人生って、何が面白いんだろうって考えたことがありますか？　私はそのことを小6でまず考えて、高1の時によく考えてみたんです。

みんな、ごはんを食べたり、働いたりして生きているじゃないですか。働いたお金がないと、ごはんが食べられない。ごはんが食べられないと死んでしまうから、働かないといけなくて、でも、ほとんどの人が仕事に行くのが苦痛って言うじゃないですか。食べるために仕方なく、苦痛である仕事に行くって、それって何だろう。なんか、キモいなって思ったんです。

もちろん、私にだってわかります。欲しいものがあるとか、目標があるから、それで働くんだって。でも、「死んだら、何もないんだぜ」って思いません？　死んだら何もないのに、なんで、そんな苦痛なことをし続けるの？　人生って、一通りのことをしたら、同じことの繰り返しでしょ？

子どもから大人になって、仕事を持ってという。そこから先は同じことの繰り返しなんだから、その先はもう要らなくない？　なんでそのループの中で、人って生きているんだろうって、今でも大きな疑問です。

とにかく、生きるために働くということが、私には面倒くさいことなんです。バイトをしようって思ったのは、経験になるから。経験にならないと思ったら、すぐに辞めます。コンカフェはいろんなお客さんが来るし、男女どちらも来るので、いろんな話ができて経験になるんです。

このループ感への嫌さが、半端ないです。人生って、ずっとループなんだろうな、ループのためになんで生きるんだろう。高1の時の疑問は変わらなくて、ずっと自問していますが、答えは見つかっていないです。

精神科の診察に同行

夢ちゃんはこの年、沙織さんを精神科に入院させた。酒と睡眠薬で、沙織さんの状態は夢ちゃんの目にも危機的なものとして映っていたのだ。

家族の立場から母親の状態を説明した方がいいだろうと判断し、夢ちゃんは沙織さんが定期的に通っている、精神科のクリニックの診察に同行した。

夢ちゃんが医師に話をする場面になった途端、「私、聞きたくないので、待合室にいます」と言い、沙織さんは席を外した。

いつもながら、自分に都合の悪い話は聞きたくないんだと思ったものの、夢ちゃんは医師に説明した。

「一緒に住む身としては、結構、困っています。誇張でも何でもなく、本当に困っているんです。人格は、いくつかあると思います」

「あなたは、お母さんに入院して欲しいですか？」

「人格障害というのは入院して、治るものではないと思います。でも、入院している間、離れるというのは、お互いのリフレッシュ期間として必要かなって思います」

「それは、いつ必要だと思いますか？」

「結構、今、必要だと思います」

夢ちゃんとしては今すぐにでも、緊急入院してほしいほど、沙織さんの状態は切羽詰まっていた。ただ、入院して、何が変わるのだろうという思いもあった。

「入院生活ではずっと誰かが見ているわけではないのだから、他に人格があるって、わかんないじゃないですか？　入院中に別の人格って出るものですか？」

「確かに。でも、長い時間見ていて、観察してわかるということもあると思います」

そんな経緯で、郊外にある精神科の病棟に、沙織さんは4週間、入院したのだ。

時々、殺される夢を見る

先生はママに、「療養のため」と説明したそうです。私は少し、お酒を抜く期間が必要だと思っていました。それで何か変わるならいいのですが、そこは正直、期待薄でもありました。

ママから聞いた入院中の話だと、朝起きたら、無意識のうちにズボンを脱いでいたとか、幼稚なママが出てきたとか、まあ、病院でも違う人格って出るものなんだなーと思いましたが、出たとしても、看護師さんが気づいたものは、私が18年間ママと一緒にいて、見てきたものの何千分の1ぐらいのものだと思います。

期待薄とはいえ、正直、期待はあったんです。でも、退院したママを見て、入院した意味はないなーって思います。今も、入院前とそんなに変わらないから。もう、お酒をやめないと無

ママは、ぐいぐい飲んでいます。え？　お酒をやめたって言ったんですか？　いやいや、全然。本人としては今までの量が多かったから、今は飲む分に入っていないのかもしれません。

入院していた4週間って、何だったんだろう。離れたら、こんな感じなんだなぁと知る機会になったぐらいです。ママと離れたらラクだなーって思ったし、会って話をしたいなーとも思ったし、両方ありました。

何か思った時に、パッと話ができる相手がいないのは寂しいだろうなというのは予測していました。一方、リフレッシュできて、のびのびできるだろうなーとも思っていました。入院してからの3日間は、最高でした。とにかく、楽しい！　寂しいのはあるけど、なんて楽ちんなんだろうって。友達を呼んでも気兼ねなく騒げるし、リビングで大爆笑して、ほんと、最高に楽しかったし、ママがいない時間を謳歌していました。

でも、友達が帰ったら、ポツン、シーンです。いつもならこんなに騒ぐことはできないけど、騒げないけど楽しめて、終わった後も、シーンとなることはなかったのになって。だって友達が帰っても、ママと楽しめるから。

いつも、今日会ったことを淡々と、何でも、ママに話をしていました。バイトのこととか、それが私とママの日常でした。それがないのが心寂しくて、リビングもうるさくないから、よく眠れるのだけれど、ママは死んでないのに、死んだみたいな感じでした。ママは前に私がおばあちゃんの家に行ってしまった時、寂しくて、私のベッドでずっと泣いていたらしいんです。

その同じレベルで、悲しくなるんだなーって実感しました。

ママが退院してきて、再び、「今日は、どんな感じかなー」って、地雷を踏まないように心がける日常が戻ってきました。


母と娘それぞれから感じる、〝共依存的〟な臭い。いなければラクなことはわかっているのに、夢ちゃんは沙織さんから離れられない。お互いが一人で立つことができる関係性とは、別の関係を生きていることを思わざるを得ない〝共依存〟的関係を、まざまざと2人に見る。


最近、夜中に〝洗濯機を回すか、回さないか問題〟で、地雷を踏みました。

ある晩、次の日に遊びに行くのに着たい服があって、洗濯を忘れていたんです。だから、ママに聞いたんです。夜の11時ぐらいでした。

「ママ、これから、洗濯機、回してもいい？」

「いいよ」って、この時は何でもなかったんです。

それからその翌々週ぐらいに、着ようとしていたTシャツが生臭くて、夜中の1時に洗濯機を回そうとしたのですが、ママが寝ているからうるさいだろうと思って、朝の4時半に回したんです。するとすぐに、ママからLINEが来ました。

「夢ちゃん、洗濯機、止めて」

「ごめん。今日、着たいやつなの」

「何回も言ってるでしょ。夜中に洗濯機を回すなって。うるさい。近所迷惑」

「いや、この前はいいって言うから、回しちゃった」

「言ってない。ダメって言ってるでしょ」

「ごめんね。朝の7時に回します」

こんなやりとりのあと、ママからものすごく長い、LINEが来ました。

「夜中に回すのは迷惑行為。それが基本。いけないことは、いけないこと。絶対にどうしても必要なら、前もってやるとか、朝起きてやるとか、考えて行動してください。『仕方なく』も、これからはダメにします。前もって考えて、行動してください。こういう感じは、夢ちゃんの特徴です。理解の仕方が間違っている。朝の7時からなら回しても大丈夫です。常識の範囲です」

これ、最初の「洗濯機、止めて」から1時間、こんな感じが続くのです。カンカンに怒って、苛立っているわけです。

この日は昼間、海くんの誕生日を祝う風船を買いに行ったので、ママにポチ袋も買ったんです。

「可愛くて、さおちゃん、使えるかなと思って」

写真をつけてLINEを送ったら、速攻で帰ってきました。

「夢ちゃん、やっぱ好き。ラブ。心の底から尊敬しています。へなちょこママより」

ずっと洗濯機で怒っていたのに、ポチ袋を送ったら、これ。だから、私は逆手《さかて》に取ってこう返しました。

「よっしゃ！　これで洗濯機回したこと、チャラになった！」

「夢ちゃんのいいところ、そういうところも好きよ。『おはよう』でリセット。マジで響くんだからね、洗濯機。あと2時間、バイト頑張って〜。夢ちゃんは、最高の夢ちゃんだよ〜」

もう、いつ、どっちのママが出てくるかわからない。洗濯機は私が悪かったんですけど、でもそんなに喜怒哀楽、浮き沈み、激しくしなくてもいいじゃないですか。そんなのばっかりです。

たまにまだ、「夢ちゃんは、ママを苦しめるために生まれてきた悪魔の子だ」って言ってきます。もう、これは終わらないものなんです。ただ、私に耐性がついてきたとは思っています。

また出てきたかって。終わらないから、仕方がない。うまく付き合っていくしかないんです。

最近は言われた時に、新たな方向から対応していこうと思って、どの対応が一番しっくりくるか、自分で探しちゃえばいいんだと思って。あっ、来た、来た、探そうって。

私、悪魔扱いされても、いや、こっちもママを悪魔だと思っています的なメンタルで、何も言わずに対応しています。ママも自分の悪魔を自分で認めてくれれば、そこでお互いの今までがチャラになると思うんです。チャラになるまで、私はやり切ろうと思っています。

だから、そんなには気にはしていないのですが、夢に出てきたりするんです。

時々、殺される夢を見ます。顔は見えなくて誰かわからないんですけど、なんとなく、ママだと思うんです。包丁で刺されます。刺されて、グサッとなった瞬間、パッと起きるんですけど、「生まれてきたー、悪魔だー」っていう声が聞こえてきます。

　結構、リアルな夢で、怖くてびっくりするんですけど、これは全員、顔が見えています。私、夢の中で結婚したんです。結婚式を挙げたあとの控室で、本当にその空間にいるような物の配置で、ＶＲを見ているみたいにリアルな光景なんです。

　私、まだドレスを着ているんです。

「お手洗いに行ってくるー」

　こう言って、控室を出て、トイレに向かいました。お手洗いの個室は一つしかなくて、洗面所のところで、「夢ちゃーん」って言われて振り返ると、「ママだよー」って。

「ママも、トイレ、きたのー？」

　その後は、トイレの扉越しに、普通の会話をしてるんです。私が終えて個室の扉を開けると、ママが待っていて、ママがトイレに入って、私は手を洗っているんです。ママもトイレを終えて、手を洗い出して、「そろそろ、行こうか」って、私はママが手を洗うのを待っていました。そして手を洗い終えたママが扉を開けようとした時、急に立ち止まって、後ろを振り返るんです。そこには、ドレス姿の私がいます。

「夢ちゃん、ママより幸せになるのは許せない。あり得ない。ママより、幸せにならないでくれ」

　そう言って、包丁を出して、私のお腹をグサッと刺しました。刺された瞬間、私はパッと起きました。完璧に今、それが起こったような夢でした。怖い！　怖い！　怖い！　心臓の音が聞こえるほどに、心拍数が上がっていました。

ママとはうまく、付き合っていくしかないのだと思います。

ママへの対処能力

普通に考えて、ママってきっと、ものすごく大変な母親だと思うんですけど、周りと比べることはないので、実はあまり大変だとは、私は思っていないのです。

18年一緒にいますから、それとなく、ママとうまくやっていけるコミュニケーション能力が身につくわけですよ、それなりに。自然と、です。

だから今、私と同じ年齢で私と似たような条件の人が、私と同じ状況に置かれたら、きっと、しんどくてつらいかなーと思います。うちのママと過ごしても、これまで積み上げてきた「能力」がないわけだから、「毒母」と切り捨てるか、ママに潰されちゃうか、どちらかになると思います。それは、今の私とは、真逆の状態です。今まで蓄積してきた対処能力が、一切ないわけだから。

私はママへの対処能力が自然と身についていて、その能力を発揮できるので、今日はどのママが出てくるか、わからないけれど、それほど大変な感じは持っていないんです。しょうがない、また、対処しないといけないのかよって感じです。

居酒屋のゲロ処理みたいなものですよ。最初は見たらウッとなるし、「えー！」ってなるけど、だんだん慣れてくるみたいな。慣れてきてベテランになると、粉を振りかけて「ハイハイ」って、できるじゃないですか。それ、です。パターン化された行為なので。

毎回、違うことが起きるんですけど、「前回の、ああいうところが今と似ているなー」って考えるんです。こうなった時、「前回はあの対処法で間違えたから、次はこっちをやってみよう」って試していくんです。

例えば「きゅうりは好きですか？」という設問に、「はい」か「いいえ」の選択肢があって、「はい」に進む方を選択したら、その下にまた設問があって、選んだ方に進んでいく感じです。

ママがこうなった時には、「落ち着いて話すこと」がいいか、「強く言うこと」がいいのか。「強く言う」に進んだら、その下に大体4つか5つぐらいの選択肢があるので、また選んでいくんです。こういう対処法を、いつのまにか身につけました。

別に身につけようと思って身につけたわけではなく、テスト勉強のようなことをしたわけではありません。自分が生きやすくなるように、経験を積み上げてきたというか……。

その結果、ママの〝ベテラン〟になりました。私、〝沙織プロ〟です。

例えば、変な料理を作っている人に、この言葉はＮＧなんです。

「何、作ってるの？　そんな変なの、作らなくても……」

「変」っていうことは、言っちゃダメなんです。それを言うと、地雷を踏みそうな予感がするのです。地雷を踏む可能性を考えてというより、想像です。でも、想像も大事なんです。想像して対処して、ちょっとでも安全のパーセンテージが高いところを選択していくんです。
物心がついた頃からこうしたコミュニケーション能力を身につけてきた私ではあるのですが、いくら〝ベテラン〟でも、パパの不倫があってからは、ママが大変すぎて手に負えなくて、もうお手上げでした。
でも、その前の私だって癇癪を起こす、手に負えない悪魔だったわけで、ママに大変な思いをさせちゃっているんだから、しょうがないというか。ちょっと前までは「悪魔の子」だと言われて悲しんで終わっていたけど、今は「私、マジで悪魔だったな」と自覚して受け止めて、先ほども言いましたが、そこでもう、チャラにしてほしいんです。

「株式会社沙織プロ」

蒼くんはママのこと、ちょっと気づいているみたいなんです。私が死にそうだった時、2か月間、ウチで一緒にいてくれたから、気づいたんだと思います。これって本当に説明ができない些細なことなんですけど、「あー、今、怒ってんだな」と、スイッチが切り替わったということが、最低1か月、ママと一緒に過ごせば、蒼くんでも何となくわかってくるんです。「あっ、今、怒ったスイッチが入った」って。これは、全員に言えます。前にも言いましたが、最低1

か月です。2泊3日ではわかりません。

でも、そんなことって私からすれば、ママがスイッチが入るとどうなるか、蒼くんは10分の1も知らないわけですよ。10分の1どころか、「ああ、ああいう感じね」って、ちょっとコツを摑んだぐらいのレベルなんです。

それって、けん玉にたとえれば、端っこに玉が当たるぐらいの、ちょっとしたことに過ぎないんですよ。そんなの、惜しくも何ともないじゃないですか、普通に。惜しくも何ともないし、端っこに球を当てるなんて簡単にできることです。

私は、けん玉のプロなんです。プロからすれば、玉が当たっただけで喜ぶなよって思うけど、ヘッタクソな人からすれば、「今、当たった～！」って、すごいことをした気になっちゃうわけです。玉が台に乗ってすらいないのに、喜ぶなよって思いませんか？　何か気づいたのかもしれないけれど、それぐらい、蒼くんはまだまだ、初心者なんです。

プロからすれば、実際、けん玉の良さって、ちゃんとあるんです。「これ、成功した時、やばいわ」っていう。見事に対処できたら、やばいです。私は、〝沙織プロ〟ですから。もう、「株式会社沙織プロ」を名乗ってもいいぐらい。

スイッチが入ったのがわかっただけでは、プロとは呼べません。対処まで完璧に遂行できてこその、プロなんです。見事に対処できた時なんて、そりゃあ、自分で自分を褒めたいです。

ここに、けん玉の醍醐味があるんです。

ママが入院していた時の看護師さん。幼稚な子どもに変わったママを見て、けん玉の台に玉を乗せた気になっているのかもしれませんが、そんなもんで「乗せた気に、ならないで」と圧をかけたいぐらいです。そんなの、〝沙織プロ〟の私から言わせれば、玉がちょっと当たっただけですから。

スイッチが入ったのがわかった程度では、惜しくも何ともないんです。蒼くん、玉さえ掠《かす》っていないんだから。

友達が泊まりにきても、長くて2泊3日ぐらいだから、「すごくいいお母さんじゃん」って。別に、それを否定するつもりはなく、いつもこう言います。

「そうなんだよ。うちのママ、すごくいいママしてる。私、うちのママじゃなかったら、殺されてるから」

私はすごく難しい子だったから、他のママだったら殺されていると思うし、逆にママも、他の子どもだったら、殺されていると思う。だから、お互い様って感じなんです。

スイッチの片鱗

夢ちゃんの比喩の見事さに、いつもこちらは呆気に取られる。「けん玉」に、「沙織プロ」。私は沙織さんと1か月も一緒にいたことがないので、夢ちゃんの足元にさえ及ばない、ヘッタクソなけん玉素人だ。そんな素人でも、ちょっとだけ、けん玉の端っこに玉が掠ったことがあった。

あれは取材を終え、沙織さんが車で駅まで送ってくれる車中でのことだ。車に乗り込んだ途端、沙織さんは滝川さんの相手女性を罵り始めた。運転しながら、一方的に話し出す。

「夢ちゃんの卒業式、女が襲いに来るからって警察に相談して、私たち、パトカーに護衛されて行ったの」

沙織さんはカラカラと笑う。そんなことをしたんだ……。同意もできないし、相槌すら打てない話が延々続き、沙織さんは一人、怒りに火を注いでいく。そんな時に交差点に差し掛かった。沙織さんの運転する車は右折のウインカーを出し、右折レーンの先頭で直進する対向車を見送っていた。ほんの一瞬のことだった。沙織さんは右に切っていたハンドルを突然前に向け、対向車線に向かってアクセルを踏んだ。

瞬間、心臓が凍りついた。何が今、起きた？　このままだと、ぶつかる？

沙織さんはすぐに我にかえり、アクセルから足を離した。呆然と凍りつく私を見て、「ごめん、ごめん」と腿《ふともも》を撫で、右折体制にさっと戻った。

あの時の恐怖は、今でも忘れられない。

これが、スイッチなのか。でも、私が体験したのは台にも乗っていない、掠っただけの惜しくもないけん玉だった。

前よりは、ママと会話する時間が増えたと思います。ママが入院している時、私が寂しかっ

たというのもあるし、会話って大事だなと思えたし、ママがいない期間にいろいろ考えて、会話の時間をもっと多くしようって決めたんです。

私が決めたことはまず、体調の悪い時のママには一切、話しかけないようにすることです。そして、ママの気分が良い日には、私にどんなに嫌なことがあっても、その話は一旦、心の中にしまって、楽しいことをママに話すことです。だから、ママにとっては楽しい時間になってくれているのかなー。

蒼くんは「夢ちゃんの機嫌がいいってことは、ママとの関係がいいんだな」って思うそうです。

「夢ちゃん、何か、いいことあった～？」

そう聞かれると、私は大抵、こう言うらしいです。私はあんまり、覚えていないんですけど。

「うん！　今日、ママといっぱい、お話しできた～」

ママのこと、「気遣っている」という言葉がぴったりかもしれません。私はしたくてそうしているし、逆に、ママにそうする価値がないって思ったら、私はすぐに家を出ていると思います。

去年までは家を出る、ママから逃げ出すことばかり考えていましたが、今はちょっと変わってきています。実家で暮らせばお金も増えるし、友達もいてくれるので、それでいいかって。

結局のところ、ママが私を産んでくれて育ててくれて、私の愛しい弟である海くんも産んでくれて育ててくれたわけです。それって、感謝しかないじゃないですか。海くんがいなかったらこの家を出て行けるかもしれないけど、海くんがいてくれるからこそ、まだ、ここにとどまらなきゃなって、思っています。それがプレッシャーでもあるけれど、家は私にとっては戻れる場所でもあるのです。

仲の良い友達からは、よく言われます。

「夢ちゃんは優しすぎだよ、気にしすぎだよ。ママよりも、自分を第一に考えていいんだよ」

私のことを理解してくれている友達が、私を思って言ってくれますが、私、そのたびにこう返します。

「夢、やりたくて、やってんだよね」

やる気メーター

ママの機嫌をうかがうのは苦痛ですけど、それでも、ママにはご機嫌でいてほしいし、私のことを嫌いにならないでほしいって思います。もっと大きく言えば、ママに人生に失望してほしくないからこそ、やれるだけのことをやろうと思っています。

〝やる気メーター〟って、あるじゃないですか。私の〝やる気メーター〟を貯めてくれているのは、ママなんです。ママからもらった愛情を、私の〝やる気メーター〟に変えていくんです。

一方のママは自分のやる気を出すのが苦手だから、私がママからもらった〝やる気メーター〟

で、ママのやる気に火をつけていくんです。

ママからもらっているものって——もらってないものも多いかもしれないけど——、ママからもらわないと意味がないものもあると思うけど、私はとても恵まれていて、蒼くんからも友達からも〝やる気〟をもらえるんです。

ママが100愛してくれて、私がママに100返して、ママが50の時も蒼くんや友達からちゃんと愛情をもらっているので、私は300だってママに返せちゃう。私のメーターって、減ることはないんです。だから、ママが愛情をくれて、私がママに返してと、愛情がぐるぐる回っているだけなんです。

だって、私は、〝沙織プロ〟。それも、めっちゃ、テクニシャンなんだから。

私には、頼れる場所があります。ママにも頼れるし、蒼くんにも頼れるし、仲の良い友達2人にも頼れます。頼れる人が、4人もいるんです。パパのことは、どうでもいいです。パパに相談しても何も響かないし、パパに話すより、4人の誰かに話した方が早いから。パパは嫌いでもないし、好きでもないです。デスノートにも書かないです。名前を残すのが、もったいないぐらいだから。ほんと、どうでもいいです。

もし、やる気メーターが減るとすれば、ママが私のことを愛せなくなった時です。そうなったら、ママには返せなくなると思います。

ママの愛情は日常で感じます。話を聞いてくれる時の相槌、話し方、言葉の選び方とか、何だろう、愛を感じますね。私、きつい言葉って、苦手なんです。「美味い！」とか、直接的な強い表現って、思わず「え？」って引いてしまいます。そういう言葉を、ママは言わないんです。

お風呂、おうどん、お茄子、お漬物、お腹パンパン？　とか、湯船のことは「チャッポンちゃん」って言っていて、幼稚かもしれないけれど、それでいいと思っています。そういう優しい言葉遣いを教えてくれるのも、愛だと思うんです。ママなりに、子どもに、きつい言い方をしてほしくない、悪い言葉遣いをしてほしくないと気遣ってくれて……。

パパが肘をついて食べていたら、「やめて。海くんたちが真似したくなるから。子どもの前ではやめて」って注意していたのを、私は覚えています。子どものことを思って、子どものこれからの人生を考えてくれているのも、ママの愛だと思います。

ママが「素」というか、「主人格」の時は、愛されているなって思います。いくら「悪魔の子」だと言われても、「素」のママが本当のママなんだって思うから。「素」のママって、子どものことになると精一杯で、一生懸命で、子どもの私にもそれが伝わってきます。それって、余裕がある一生懸命じゃないんですよ。でも余裕がなくても、子どものことは一生懸命でいてくれていることが、うれしいです。

ママの無邪気なところも、かわいいと思うんです。「夢ちゃんが娘で、よかった」ってよく言ってくれますが、これが本心で、心の底から思ってくれていたらうれしいなって思います。

パパを車から降ろせばいい

ママが唯一選べる家族が夫ですが、結局、いい形にならなかった。だから、まだこれからどうなるかわかりませんが、今のママは一旦、停まったパーキングが悪すぎて、前に進む気にならないんですよ。運転する気になっていない。

パパをパーキングに降ろして、私と海くんと3人で進む考えだってあるでしょう？　そうしようよ。そうしたら私たち楽しめるよって。でも、ママはやっぱりパパを乗せて行きたいんです。まだ、情が残っているんです。でももう、発覚して6年。執着ですね。

ママは親からもらえる愛がなかったから、パパがいなくなったら、自分がもらえる愛はどこにあるんだろうって思っているのかもしれません。やっぱり、私たち子どもからの愛だけでは足りなくて、いや、足りないというより、求めるものが違うんです。彼氏に求める条件と、友達に求める条件が違うように、私と海くんでは、補えない部分があるように思います。

ママはパパの不倫で、メチャクチャになりました。それって、パパによって掘られた穴だから、パパによってしか、埋められないんですよ。私たちが穴を山盛りに埋めたとしても、パパの穴は埋まらないんですよ。どうしようもできないですけど、だんだん、パパによって掘られた穴が小さくなるように、私たちの愛で山盛りに盛り上がるようにできればいいなって、私はずーっと、ママに伝え続けていきます。

パパは嘘をつくたびに、顎が出るんです。ほんと、ずーっと顎が出ていて、いい加減、車から降ろせばいいって思うんです。あいつは結局、一人で人生を楽しむのだから、降ろしても問題はないんです。ヒッチハイクという帰る手段も、持っているんだから。

ママは、「パパは、私がいないとダメかも」って、まだ希望を持っていて、パパとの思い出を思い返して、思い返すたびに美化しています。思い出って、思い返すごとに原形をとどめていないんですよ。原形をとどめていないのは、思い出に浸っているからであって、いい思い出であれば、思い出に浸らずに、「今」に浸って、そうすれば思い出はそのまま保存できるんです。でも、ママには「今」にいいことがないから、過去の思い出に浸って美化してしまうんです。だから、穴が埋まらないんです。

子どもである私たちがいても、ダメなんです。でも、そろそろ諦めてもらいたいんです。子どもたちはママが戻ってくるのを待っていると切り替えて、そろそろパーキングから出発してほしいんです。まだまだ前に、道は続いているのだから。3人で出発しようって切り替えてくれたら、やっぱり、私の好きなママだと思います。

不倫発覚後に、4人で車に乗ってごはんを食べに行こうとなって、車の中でしりとりをしていたんですよ。何かの時に「ふ」で終わったら、ママがすかさず「不倫」と言って終わりとか、「裁判」で終わりとか、「慰謝料」とか。もう、車の中は最悪なんですよ。パパがそのたびに、「うっ…」てなるし。そう思っていたとしても、それをしりとりという他愛もない遊びの中で、子どもの前で伝えるって……普通、しないですよね？　でも、それをしちゃうのがママなんです。ほんと、大人気ない。幼稚なんですよ。

やることが〝お子ちゃま〟なのは、素直じゃないから。素直になって、パパに「他の女を好きになって、嫌だったよー」って言えばよかったのに、伝え方が下手なんです。

それは幼少期に、感情の伝え方をお母さんに教えてもらっていないからかもしれません。そこがママに大きく欠けている部分です。それって、ママがやりたくてやっているわけではないことがわかるから、私は「そうだよね、ママもなりたくて、こうなっているわけじゃないよね」って、せめて私だけでも受け止めたいんです。私が受け止めたところで、ママは何も変わらないとは思います。でも、受け止めることが、0・1の微々たる安心につながらないかなって考えています。それを毎日、ママに伝えることで、カーッと怒りのスイッチが入ったとしても、私の0・1を思い出して、ちょっと違う何かにつながるといいなって期待をしています。

でも本当に、いい加減、パパのことは諦めてほしいと思っています。正直、呆れて放置したいのですけど、そうしたら、どんどん悪い方向へ戻ってしまうから、ママがそっちに行かないよう、いかに引っ張るかなのですが……。

「死にたくなったら、ママを誘ってね」

私は前に、ママに「殺しちゃう前に、死んでくれ」と願い、その死に方も「なんか、不運だったね」と言われるように死んでほしいという願いでしたが、でも今は、私が生きている間は、生きててほしいなーって思っています。

ママはよく、こう言うんですよ。

「死にたくなったら、ママを誘ってねー」

「いつでも覚悟はできているから、ママを一人にしないで」

ママは育った家庭環境が酷かったから、頼れる場所がないんです。だから、頼れる場所が私になっているのかなーって思うんですが、それはうれしい反面、まだ、子どもでいたい、子どもでいさせてって思う時があります。そういう時、今までだったら、「うざったい。なんで、私が？」って頭にきていましたが、今は考え方を変えることにしました。「うざったい」ってずっと思っていても、何も変わらないから。私のことをママは、子どもではなく、一人の人間として見てくれているのかなって、思うことにしました。

私はうまく使い分けができるようになったので、今のママは一人の人として見た方がいいな、今はママとして見た方がいいなって分けて対応して、伝えるようにしているので、うまく行っているようにも思います。

相変わらず、子どもとして聞きたくないことを言ってきますが、そういう時は切り替えて、私は子どもじゃない、この人の子どもじゃなくて友達だって思って聞いています。別にそれは、苦痛じゃありません。切り替えることが、できるようになったので。

でも、それが難しいタイミングもあります。迎えに来てもらった車の中で、子どもとして聞きたくない話をばーっとされると、耳を塞ぎたくなる時があります。

「いや、今はまだ、子どもの時間なんだけどなー。今日は、子どもでいたい日なんだけどなー」

私の考えが変わってきているというのは、ママも変わってきているからだと思います。それは、自分の顔がちょっと変わったからといって気づかない程度の、本当にそれぐらい、ちょっとの変化なんです。私が新たな方面から考えたり、考えなきゃいけないと思うようになったりしたことと、何か、関係があるのかもしれません。

ママを受け入れるキャパだけど、前よりずいぶん大きくなりましたよ。でも、針を刺されたらパーンと破裂しますけど、このキャパは。お店のセールで詰め放題をする時に、狡《ずる》いおばさんがやるみたいに伸ばしに伸ばした袋みたいに。まだ行ける、また行けるってやり続けて、一瞬でパーンッて行きますから。

ママの機嫌が悪い日は、「今日は悪い日なんだ」って割り切ります。全部が全部、いい日になんてならないから。悪い日が多かったら、私の苦痛も大きくなるけど、ママは少ない時間で愛情をたくさんくれるし、どんなに苦痛の日でも愛情がないことはないので、それで私は満足しようと思っています。そこで埋められない部分は、友達にぶつけたりします。そういうことを、受け入れてくれるから。

友達は、いつも言ってくれます。

「夢ちゃんがいつも、みんなに優しくしてる分、私も優しくなれるし、夢ちゃんの帰るべき場所はどこか一つって、決めなくていいし、どこにでも帰ってもいいし、帰って行きたい場所に帰れば、絶対にみんな、受け止めてくれるって思うから。家に帰りたくないって思うなら、いつでもおいで」

ママが変わらずに、私を愛し続けてくれたから

私は、子どもを産みたいとは思いません。経済的なことより、普通に育て方がわからないから。見本になるお母さんがいないから。ママと同じような子育てをしてしまいそうで、怖いんです。自分と同じような子どもは、作りたくありません。子どもを作って失敗しちゃった～では終われないから、自信が出るまでは絶対に考えすら持たないでおこうと思っています。

それに、子どもを産みたいという感情を抱けないのは、やっぱり、私にも穴が空いていて、それが塞がっていないからだと思います。それって、ママがどうにかならないと、塞がらないもののように思います。私、普通ってよくわからないのですが、ただ、うちが普通じゃないのだけはわかります。ママが普通になってくれれば、私もきっと今、空いている穴が塞がって、こんな素敵なものなら、子どもが欲しいって思えるようになる気がします。

ママにされたことって、私、どこが嫌なことなのかもわからなくて、周りから見れば引くようなことでも、「まあ、いいじゃん」って思ってしまうところがあります。恋人からされたら嫌なことでも、ママからされたらいいとなっちゃう。ものを投げつけられて怒鳴られても、

「結局、愛されているから仕方ないよねー」って。傍から見たら、「それって、虐待だよー」って指摘されるかもしれません。ペンを投げつけられただけで虐待という人がいるのに、私は食器を投げつけられても仕方ないって思います。

ママは瞬時にスイッチが入って、パン粉ケースの時もそうでしたが、片っ端からあれもこれも、とにかく投げられるもの全部を投げるんです。私はものを投げませんが、それでも、今、投げてもいいものはこれかと判断するけど、ママはそんなことお構いなしに、投げられるものは全部、投げるんです。私はそれを見て、まあ、良くないことだけど、いいかって思っちゃう。ママはスイッチが1個しかないので、切り替えができないんです。だから、良くないということを、ちゃんとわかってないのだと思います。

私は覚えてないですけど、小さい頃は癇癪を起こしていて、「本当に大変だった」とママから言われます。私も、その時はスイッチが1個しかなかったんです。スイッチの切り替えや切り方がわからずに癇癪を起こしていた私が、今はスイッチの切り方を覚えたおかげで、感情をコントロールできるようになったんです。

ああ、そうかって思いました。私が切り方を覚えることができたのだから、ママにもきっとできるはずだと。

私ができるようになった理由は、ママが変わらずに、私を愛し続けてくれたからだと思っています。だったら、私も変わらずにママを愛し続けたら、いつか、そのことが伝わって、ママがスイッチの切り方や、コントロールの仕方を、覚えられるんじゃないかなっていう希望を抱いています。この希望って、宝くじが当たる確率よりも、ずっと高いんですよ。自分が、そうできるようになっているから。なっているという、実績があるから。

私はまだ、全然、諦めてなんかいないです。いつか、ママもスイッチの切り方を習得するはずだと。そのためには、変わらずママが私を愛し続けてくれているように、私も変わらずママを愛し続けます。

今回、お話ししたことは、ママが知らないことであり、ママにとっては聞きたくない話なのかもしれません。この本をきっかけにママは知りたくないことを知ってしまうし、逆に知らないといけないことだと思うかもしれませんが、それはママが決めることだし、ママの覚悟だし、私が言えることは何もありません。ママが聞きたくないと思っていた話でも、それはすぐには聞いてよかったなと思えなくても、いつかは絶対に聞いてよかったと思えるようになってくれると、私は思っています。

結果的には、いい形に進むなっていう自信が私にはあるから、それで話をしに来ているんです。だから、心配はしていません。

冷静な観察者

世に、「毒母」に苦しむ娘は多い。現に、私自身も母を捨てたと言っていい。母親と物理的に会うことがなくなって13年、母親との間に抱えていた、胸をかきむしられるような葛藤とは無縁の日々を生きている。

しかし、夢ちゃんはその道を採らない。自ら進んで、「ヤングケアラー」の役を買って出る。夢ちゃんはそれを、ママのことを「気遣っている」と表現する。

「ママが気分のいい日には、私にどんな嫌なことがあっても、その話は一旦、心の中にしまって、楽しいことを話しているので、ママにとって楽しい時間になってくれているのかなー」

「ママの機嫌をうかがうのは苦痛だけれど、ママにはご機嫌でいて欲しいし、私のことを嫌いにならないで欲しいし、大きく言えば、人生に失望してほしくない」

夢ちゃんは、「母を捨てる」とは、真逆の道に舵を切った。

それは沙織さんが、自分の支配欲や名誉、見栄、叶わなかった夢のために、娘を所有物として「使おう」とするような、世に言われる多くの「毒母」とは、全く違う母親だからなのではないだろうか。夢ちゃんは無垢な母親の愛情をたくさん感じていると何度も話した。とはいえ、夢ちゃんにとっては「いつ、どっちのママが出てくるかわからない」大変な母親であることに、変わりはない。

「ママは、なりたくて、こうなったんじゃないよね」

夢ちゃんは、「冷静な観察者」として、なぜ、母親がこんな訳のわからない状況になってしまうのかを理解し、受け止める努力を続けている。それは、母親の愛情を、確かに夢ちゃんが感じているからだ。

だから、夢ちゃんは母を捨てない。

沙織さんが子どものために、児童家庭支援センターやクリニック、盲学校、院内学級などさまざまな場所に足を運び、何とかして夢ちゃんや海くんをいい方向に進めてあげたいと必死に動いている様子は、私もよく知っている。心を砕き、必死になって子どもの幸せを祈ってもがく姿を、私はこの十数年あまり、確かに見てきた。育ててもらったことがない子どもが母になり、わからないことだらけの手探りの中で、そうやって、沙織さんは母親として生きてきた。

だから、いつか母親がスイッチの切り方を覚え、感情のコントロールができる日が来ることを信じて、夢ちゃんは娘として母に愛情を注ぎ、働きかけていくことにしたのだ。

夢ちゃんに空いている「穴」が、ちゃんと塞がる日が来てほしいと、心から願わないではいられない。それこそ、沙織さんがスイッチの切り方を習得する日が来ることを祈って。

第九章

親と子ではなく、人と人として

――沙織

夢ちゃんは小さい頃は育てにくい子どもでしたが、成長してからもやはり何か、育てにくさを感じていました。癖というか、年齢に応じてこだわる部分が違ってくるのですが、その時々で譲れない部分があって、言ってしまえばわがままで、そういう夢ちゃんにストレスを感じながら生活しないといけないのは、まあまあ苦痛なことでもあります。

夢ちゃんには今でも、柔軟性のなさが目立ち、それが育てにくさになっているのかもしれません。

「フライパンを火にかけているから、見ておいてね」が、本当に見ているだけ。「少し離れて」って言うと、遠くへ行く。幼少期のことですが、これが夢ちゃんの特徴でした。

私が一番困っているのは、いくらこちらが嫌だと言っても、自分がやりたいことを押し通してくることです。私が寝ているのに、夜中の12時であっても、「明日、着たい洋服、知らない？」って、普通に起こしてきます。

「そんなの、明日の朝、探せばいいいんじゃない？」

「いや、今じゃないと」

「何かに、紛れてるんじゃない？」

「紛れてない」

「じゃあ、別の服、着てほしい」

「どうしても、それが要るの」

いつもなら仕方なく起きて、一緒に探す羽目になるのですが、先日は、「本当に無理」と言って部屋に戻りました。

私が、一番嫌なのは、寝ている時に起こされることです。睡眠を邪魔されるのは、本当に耐え難い。そのたびに、また嫌なことを思い出してしまうのです。幼稚園を見ただけで、幼い夢ちゃんが大暴れして幼稚園に行こうとしなかったトラウマが甦るのと一緒です。

「もう、あの子は小さい時からそうだった。生後1か月から、1時間ごとに起きた子。そこが、始まり」

怒りが沸々と、身体中に充満してきます。

最大のストレス

頭が痛いのは、洗濯機。夜中に洗濯機を回すのだけはやめてほしいと、何度も同じことを言っています。

「下の人に迷惑だから、やめて」

「明日、要るから。絶対、お願い」

「下の人に迷惑だから」

「わかった。朝、回すわ」

言えばやめるので、迷惑だと学んでいるとは思いますが、また、同じことをしてきます。

一度、こうしようと思うと、他の手段を考えられない頑なところは、小さい頃から変わらないのかもしれません。もう18歳になり、成人したわけだから、いい加減、自己管理をきちんとしてほしいというのが、切に望むところです。

最大のストレスは、バイトや遊びのための駅までの送迎です。私は夜10時半には寝たいので、10時を過ぎるようなら自力で帰ってくるように言っているのですが、11時過ぎに迎えを頼むLINEが頻繁にあって、「タクシーで帰ってきて」と返すと、「じゃ、歩いて帰るわ」となります。女の子だから心配ですし、視力の問題もあるので、結局、私が車で駅まで行くことになってしまうのです。

「もっと早く、バイト上がってよ。9時半までなら、迎えに行けるから」

「それは無理。最後までやって、お客さんとチェキ撮って、メッセージを書かないと。それで、バックがもらえるから」

私にはこう言っておきながら、友達の家に遊びに行く時は7時前には上がっていることもあるのです。別にいいのだけれど、何か、釈然としないものがあります。

「今から遊びに行くから、送ってほしい」

急に、夜の11時に言い出すことも多々あります。

「今から出かけるの、やめてほしい」

そう頼んでも、夢ちゃんは考えを変えることはないので、結局、駅まで送っていくことになります。「朝は、迎えに行かないよ」と宣言したら、翌朝はバスで帰ってきたので、バスを使うという手段があるのだから、私を煩《わずら》わせてほしくないわけです。

ただ、夢ちゃんが夜、友達の家に行き、その家に泊まるのには理由がありました。

「お願い。ママが酔っ払って、パパの悪口をずーっと喚いているの、聞きたくないの。だから、友達の家に泊まらせて」

考えてみれば、夢ちゃんの思春期は、「不倫騒動」一色でした。私が滝川の愚痴を言い募り、荒れるのを見ているのがつらいと言われた時には、返す言葉がありませんでした。夢ちゃんは私から離れたい一心で、「友達の家に行くの、許して」と懇願していたのです。なので、門限をなしにしました。まだ、15歳でしたから、本当はそんなことを許したくはなかったのですが、その頃の私は、自分を保てなくなっていたので。夢ちゃんを避難させるという意味合いもありました。

今は、私が何かちょっと滝川の愚痴を言っても、「パパは、パパだから」ってキッパリ言われます。冷静になれば、その通りだと思います、夢ちゃんに「パパからLINE、来た?」って聞くのをやめないといけないし、海くんを口実に、「海くんと遊んであげて」と滝川に連絡することも、やめないといけないことです。これらは最近、夢ちゃんから的確に指摘されたことでした。

「2年後に死ぬから、好きなこと、やらせて」と言われた時に、私は「わかった」と言いました。そこで好きなだけ、ものを買ったり、食べたりできるようにと、夢ちゃんにお金を自由に使わせてあげました。その時は保険の積み立て金を崩したお金と、不倫相手からの慰謝料もあったので、かなりの額を夢ちゃんに注ぎ込むことができたのです。

「2年後に死ぬ」と言われ、それを信じてできるだけ好きにさせちゃう私もどうかと思いますが、正直、娘から「死ぬ」と言われて、どうしたらいいかわかりませんでした。もし、わが子に「死ぬ」と言われたら、どうしますか？　死んじゃいけないって、普通、止めますよね？　止めて、それで死ぬのをやめるなら、最初からそんなことを訴えてくるものでしょうか？　夢ちゃんの「死にたい病」は、止めてどうにかなるものではありませんでした。

「パパはいいよね、ママから逃げられて」

「死にたい病」は滝川の不倫により、私がおかしくなったこともあったと思いますが、視力が落ちていき、いつ失明するかわからないことへの恐怖も大きかったのではないかと思っています。

そんなに生きているのがつらいというのなら、私にはそれもアリなのだと思えました。だって、彼女が選ぶ人生だから。

だから、私は「死なないで」、「死んじゃいけない」ではなく、死に方を教えました。それが、首吊りでした。

20代前半の私は、ずっと死ぬことばかり考えていました。その時に目についた、当時のベストセラー『完全自殺マニュアル』を買い、自殺の方法を具体的に考えました。考えに考えた挙句、辿り着いたのが首吊りだったのです。私が考えた首吊りは、誰もいないところに行って、穴を掘って、首を吊って、その穴に落ち、自然と土が埋めてくれて、土に還るというものです。死ぬにしても一番気にしていたのは、人に迷惑をかけないで死ぬということでした。だから、これこそ最もいい死に方だと思ったのです。その方法を、夢ちゃんに教えました。ただ、「声はかけてね、死ぬ前に」と、それだけは言いました。

でも、困ったことに、死ぬと言うからお金を好きに使わせた結果、15、16歳の子がとんでもない金遣いを始めたのです。ブランド品のバッグや財布など、かなり高価なものを買い漁り、エクステにネイル、コスメに洋服と、夢ちゃんが繰り広げる、度外れの〝贅沢病〟に、私は頭を抱えるしかありませんでした。タトゥーを入れ、瞼《まぶた》を切開する整形も、「必要ないし、やめてほしい。いいこと、ないよ」と必死に止めたのですが、夢ちゃんは好きなようにやりました。許したとはいえ、夢ちゃんの金遣いの荒さは大いなるストレスでした。だから、こう言わずにはいられません。

「なんで、そんなにお金、使う？」

「わからないけど、必要なものがあるから。夏に向けて、足のネイルもしたいし、一人暮らしの貯金も必要だし、とりあえず、バイトするわ」

「毎月15万円ぐらい、使ってんじゃない？　金銭感覚、バグってるよー」

「だから、バイトするんだよ」

こんなやりとりが、本当にストレスでした。

2年後に「死ぬ」と言っていた夢ちゃんでしたが、その2年後に「死にたい病」は消えました。どうやら、生きることにしたようです。それはよかったことなのですが、夢ちゃんの金遣いの荒さが今、どれだけ家計を圧迫しているいることか。相手女性からの慰謝料なんて、あっという間に消えました。今は児童扶養手当と障害年金、滝川からの養育費、そして私が細々と行うバイトしか、入ってくるものはありません。

毎月、クレジットカードの支払いのために、カードでキャッシングするしかないという現状を、1年かけて夢ちゃんに伝えました。もう18歳、成人したわけですから、正常な金銭感覚に戻ってもらわないと、夢ちゃんの自立の妨げでしかありませんし、そもそも一家3人の生活が成り立ちません。

ここにきてようやく、自分のバイト代で欲しいものを買うようにはなりました。5万円の毎月の小遣いも4万円にしましたが、それでも携帯代は私が払っています。シングルマザーの家庭で、成人した娘に月４万円の小遣いをあげているって、いかに分不相応なことかと頭を抱えるしかありません。でも、夢ちゃんは決して、そこは譲りません。

夢ちゃんは口が達者だし、いつも私は言い返せずに、モヤモヤを溜め込むばかりです。最近は私がいいように丸め込まれている感があって、ああ言ったら、こう言うで返されて、舐められている感じがして、そこにふつふつと怒りが込み上げます。

睡眠を邪魔されて、駅まで送らされた時、「行ってらっしゃーい」と笑顔で手を振り、耐えに耐えて、車のドアを閉めた瞬間、爆発します。なんで、こんなに振り回されないといけないのか。車内で怒鳴り、喚き散らします。

「クソ生意気なんだよー！　金、使いまくりやがってー！　いつも言い訳ばっかりしやがってー！　死にたい、死にたいって、おまえ、死なないし！」

一人で、夢ちゃんに言いたいことを吐き出さずにはいられず、始まると止まりません。頭の回転が早いのか、何か騙されているような感じもするし、とにかく、なんでこんなに親を振り回すのか。こうなると、どんどん昔の嫌なことが甦って、あれもこれも溢れるように出てきます。

夢ちゃんとのやりとりでふと気づいたのは、私に別の人格がいるとすれば、人格のうちの一人は夢ちゃんを大好きな人格、もう一人は夢ちゃんを大嫌いで仕方がない人格なのかもしれないということでした。

「パパはいいよね、ママから逃げられて」

いつだったか、夢ちゃんはこんなことを言いました。みんな、私から逃げたいそうです。「ママがまともなら、家出しなくて済むのに。別に、夢のこと、泊めてくれる友達がいるからいいんだけどさ」

すまないねって思います。どうすればいいのか、それがわかりません。

最近ではこんこんと言い聞かされ、こっちが子どもみたいな扱いをされ、関係が逆転しているなぁと思う時もあります。それは夢ちゃんが成長している証なのでいいことだと思いますが、教えてくれるバイトの自慢話はちょっと、あざとく聞こえます。チヤホヤされて自慢する女子、そんな夢ちゃんは、あまり好きじゃないなと思います。少なくとも、私にはないものばかりだから。

夢ちゃんへの感情がキーッと怒りの方に振れたかと思えば、成長したし、大人になったなぁと喜びの方に振れることももちろんあって、今、こうして話をしていても、ぐちゃぐちゃだなぁと、さすがに自分でも思います。

夢ちゃんへのストレスが日々、沙織さんに蓄積していることを会うたびに感じる。LINEのやりとりでも、自分勝手な行動ばかりの夢ちゃんに、沙織さんが振り回され、怒りを感じる日々が綴られる。そしてどんどん、沙織さんが疲れ切っていく。

「夢が帰ってきました。迷惑行為に当たる。ほんと滅入る」

これが、朝の5時過ぎのこと。寝つきの悪い沙織さんがようやく寝入ったところだったのかもしれない。それが、夢ちゃんが帰宅した音で起こされる。その時の沙織さんの感情が「ちっ!」なのか、「ふざけんなー!」なのかはわからない。平穏とは程遠い日常を、沙織さんは強いられていると感じている。

「解離」という文字に違和感があった

私、1か月ほど入院しました。海くんが1歳の時にこのままでは子どもを殺しちゃうと病院に飛び込み、2人は児相に保護されて、私はうつの治療のために入院しましたが、それ以来です。今回は、「療養」が目的でした。

医師の「入院診療計画書」の「病名又は病態」には、「うつ状態」と「解離性障害」と書かれてありました。症状には「抑うつ気分、イライラ、解離症状」とあり、治療計画は「入院により、十分に心身の休養をとれるようにし、早期の精神状況の回復を目指す」ということでした。

「解離」という文字には、違和感がありました。「解離性障害」という診断名も、私にはピンとこないものです。

実は入院に至った直接の経緯は、夢ちゃんが私の診察日にクリニックについてきて、家族として医師に私の状態を説明したということがありました。

それほど、夢ちゃんは私のその頃の状態に、危機感を持っていたのだと思います。夢ちゃんが医師と話す時、私は部屋を出ました。その方が話しやすいだろうと思ったし、自分にはショックなことだろうと思ったからです。

「4人ぐらい、お母さん、人格が変わります」

夢ちゃんは、そのような話を医師にしたと私に教えてくれました。

夢ちゃんの説明が終わった後、私は診察室で医師から入院の意向があるかどうかを聞かれました。

「療養のために、入院しますか?」

「はい、入院したいです」

「どのくらいにしますか?」

「1か月ぐらい」

そして、2週間後、郊外にある精神科の閉鎖病棟に入院しました。家からかなり遠くの病院で、道に迷いながら、一人、車で向かいました。

入院前の時期は、自分でもちょっとおかしいことはわかっていました。

夢ちゃんを助手席に乗せて運転していた時、多分、駅に迎えに行った帰りらしいのですが、私が急にハンドルを切って「今なら、死ねる!」と反対車線に入ったそうです。私は、全く覚えていないのですが……。

「危ない! やめてー!」

娘の叫び声に、ハッと我にかえりました。全然、覚えていないんです。

夢ちゃんが言うには急に人格が変わるそうで、凶暴な人とか、子どもみたいな人とか、喜怒哀楽のそれぞれの感情がすごく強調された4人の人物が、絶対にいるということでした。

「今、お母さん、変わった」

子どもたち、2人でこう言っているそうです。海くんも最近、そう言うようになったらしいです。申し訳ないなと思います、気を使わせてしまって。

私には何の記憶もないのですが、夢ちゃんから聞いた話によると、凶暴になった時には、猫の尻尾を引っ張って、モップで叩き出すそうです。そう言われても、信じられません。猫はいじらしいし、可愛いし、めちゃくちゃ可愛がっているんです。なのに、毛が抜けるぐらい尻尾を引っ張って、高いところから叩き落として、夢ちゃんが泣きながら、「やめてー!」って止めるそうですが、それも記憶にありません。ただ、猫が私を避けるようになったので、「あれ、私、何かしたのかなー」とは思います。

夢ちゃんにも手を上げるらしく、「そんなの、絶対にしてないわ」って思います。冷蔵庫のものも、なくなるらしいです。夢ちゃんが買ってきて、楽しみにしていたお菓子も、「あれ?誰、食べた?」って。違うって言いましたが、海くんは盲学校の寄宿舎に泊まっていて、私しかいないので、犯人は私なのかもしれません。

アラームが鳴っても思い出せない

身体にも、いろいろな不調が出るようになりました。まず帯状疱疹になり、痛み止めの点滴をしたところ、顔が真っ赤に腫れ上がり、その結果、私には「薬疹」があることがわかりました。毎日、持ち歩くように言われたので、「薬疹カード」を携帯しています。事故にあった時などに、使えない痛み止めなど禁忌の薬があるからです。

婦人科には、昨年から通院するようになりました。子宮頸がんはずっと経過観察中なのですが、最近、子宮体がんの検査結果が出て、こちらもちょっと怪しいらしいです。どうも、がん性化しやすい細胞があるようなのです。乳がんも、検査が必要だと言われています。20代の頃に診断された骨粗鬆症については、今の骨密度は90代と言われています。もはや、この90代の骨密度を維持するしかないと言われました。

身体に関してはかなり、人よりも早く老化していると思っています。子どもの頃、餓死しかけたことが影響しているのでしょうね。里子村に預けられた時、栄養失調状態で、医師から「命が残っても、歩けないかも」と言われ、足をずるずると引きずって歩いていたそうですし、骨密度が90代という数値は、そういうことなのかなと思います。

その頃、なぜか、予約していた病院の診察日を何回も忘れるということが続きました。何回も日にちを変えることが続き、ある日は「遅れます」って電話をかけておきながら、行くのを忘れていました。

「今、どこにいますか？　大丈夫ですか？」

病院から電話がかかってきて、ようやく忘れていたことに気づいたほど。

やっと診察に行くことができ、先生に言いました。

「忘れるんです。さっきまで電話を入れたりしているのに、記憶が飛ぶんです」

「解離があるのかな」

それで、先生は「解離性障害」の診断名を書かれていました。

海くんの学校の予定なんか、もっと覚えられません。なるべく先生とは連絡帳でやりとりをするようにしていますが、自分の言ったことも覚えていないので、最近は海くんの方から「今日だよ、何時だよ」って言ってくるようになりました。

だから、予定はカレンダーに書いて、手帳でさらに確認するようにしていますが、気づいたら、その日が終わっていることが続き、だから、アラームをセットすることにしたんです。でもいくらアラームが鳴っても、手帳がないと何の予定か、どうしても思い出せないんです。

高校の同級生が遠くからわざわざ訪ねてくることになって、「駅に迎えに行くねー。朝の9時に着くんだね」ってお互い確認したのに、11時まで寝ていて、LINEを見て、びっくりでした。

「今、古民家カフェにいるよー」

「ごめん。忘れてたー。すぐに行くねー」

もう、心臓がバクバクでした。

当時、幼稚園の子どもを送迎する仕事をしていたのですが、迷惑をかけてはいけないので、仕事を減らし、運転を伴う送迎はやめて、一人の子だけ、バス停まで歩いてお迎えに行くことにしたんです。ですが、どうしてもバス停までの道が覚えられなくて、聞きながら向かうので、最後は走らないと間に合わなくなってしまいます。

家では何度も同じことを話しているみたいで、夢ちゃんから、「もうこれ、3回目だよー」と言われます。

こんなこともありました。

「ママ、今、どこにいる？　何してんのー？」

突然、夢ちゃんから電話がかかってきたので、びっくりして前を見たら、コンビニがありました。時計を見ると、夜中の12時。どうやら勝手に家を抜け出して、歩いて、近くのコンビニまで来たのだと思います。

「コンビニにいる」

「早く、帰っておいでよー」

お酒が切れたのでしょうか？　夢ちゃんの電話で、ハッと我にかえったのですが、なぜか私、コンビニの前でお酒を飲みながら、タバコを吸っていたんです。タバコはやめていたのですが、滝川の不倫で時々、吸うようにはなっていました。全て、無意識の行動でした。これ、徘徊というのでしょうか。

その頃は余裕がなく、死にたい気持ちがものすごく止まらなくて、きっと、うつ状態だったのかもしれません。

誰かが、部屋にいる

入院初日、心から幸せだと感じました。

窓の向こうは森に繋る木々の緑、木目の壁のあたたかな雰囲気の病棟で、外出は禁止だけど、携帯は自由に使えるし、何より、食事が副菜もたっぷり、メインもお米もとても美味しくて、「ここなら、住める！」と思いました。

なんて、快適！　ごはんは作らなくても出てくるし、1か月、お母さんをしなくていいって、快適以外の何ものでもないですよね？　お風呂は朝と午後、自由に一人で入れるんです。前の入院の時には、お風呂は監視付きで全員一斉に入っていましたが、ここには監視なんてないんです。

入院してすぐ、私、アル中になっていたことに気づきました。それで夢ちゃんが、「間に合うあいだに」って言っていた意味がわかりました。アル中の人って、自分では気づいていないから。

どうしてだか、足首から先が常にムズムズしているので、スマホで調べたら、「アルコールの禁断症状」と出ました。身体中にミミズが潜り込んでいて、ウニャウニャ蠢《うごめ》いているようで、落ち着かず、じっとしていられないのです。院内には廊下を歩いている人がたくさんいたのですが、みなさん、アル中の治療途中なのでしょうか。禁断症状って、こんなに苦しいものなんだって、アルコールを1日2日飲まないだけで、身体がこんな状態になることがびっくりでした。

入院した当初は夜中、よくナースステーションに駆け込みました。ボロボロ泣いて、扉をバンバン叩いている私がいます。

昼間は幸せを感じているのに、夜中になると、なぜか死にたくなる衝動が出てきて、死にたくなっている自分が怖くて、「早く寝なきゃ、寝て、ごまかさないといけない」と思って。でも、睡眠薬を飲んでいるのに眠れなくて、余計に目が冴えてイライラして、看護師さんに注意されるけど、頓服をもらいに行くんです。

「誰かが、部屋にいるんです。首を絞められたので、助けてください」

「わかった、見に行くね」

夜中は本当に落ち着かなくて、眠れなくて、もっと強い頓服をもらいに何度もナースステーションに行きました。

「いくら来ても、これは、何回も出せない薬なの」

そう言われれば、すごすご部屋に戻るしかありません。

日中はワークショップのプログラムがあって、ヨガに参加してみたのですが、マットにじっと座っていられなくて、うろちょろしていた記憶があります。自分の意思ではなく、なんでこんなにソワソワするんだろうというぐらい、立ったり座ったり、走ったり、身体が勝手に動くんです。

病院の廊下は一周、回れるようになっていて、患者さんがそこでウォーキングしているところを、私は猛ダッシュしていたらしいです。それも、よく覚えていないのですが。

「ちょっと、ゆっくりしようか。不安になったら、飲んでね」

看護師さんから、安定剤を渡されたような気がします。うろちょろとしていたかと思えば、パタッと動くのをやめて、今度はずっと寝ているらしいです。看護師さんからは「会話ができない状態になる」と言われました。

「大丈夫？　聞いてる？」

そう聞かれると、「うん、うん」って何度も言っていたらしいです。

朝起きると、ズボンを脱いでいることが続きました。下半身だけが汗びっしょりで、朝、目覚めるんです。そこでズボンを穿き替える自分が情けなくて、穿き替える姿がみじめでなりません。

診察の時、先生に「下半身だけに汗をかくって、聞いたことがありますか」と尋ねました。

「緊張していると、汗はかくけどね」

ハッと思いました。つまり、寝ている私は、下半身だけ、緊張状態にあるのです。下半身汗の原因がわかったと思いました。自律神経の不調かなと思っていたのですが、夜中に緊張している寝汗だったのです。恐怖の夢は見ていないから、これは防御の汗なのかもしれないと思いました。

〝劇団家族〟の家で兄と寝ていた時、ズボンを下げられないよう、ウエストのゴムをきつく絞ったことを思い出しました。それでも、兄はズボンを引っ張って、性器を触ろうとしてくるので、目が覚めてしまうんです。そこからは眠らないようにしないといけないと、睡魔と闘っていました。絶対に、寝てはいけない。布団の中は、戦場でした。その時の、緊張からの下半身の汗なのでしょうか。

12歳でレイプされた時も、下半身だけ脱がされました。これは、レイプの後遺症でもあるのでしょうか。

あの時の天井とは柄が違う

看護師さんに「解離」について、こう言われました。

「解離は治す病気ではなくて、ストレス環境になった時にそこから逃れるために、他の人格が出てくるので、その空気とか、雰囲気とか、フラッシュバックとか、変わるその時の感覚とかで、自分で気づくようになっていければいいと思います」

「空気」、「雰囲気」という看護師さんの言葉を聞いて、私、思わず、病室の天井を見上げました。

看護師さんが驚いて、思わず「何か、いるの？」と聞いてくるほど、唐突な行動だったのかもしれません。

「よかったー。ここの天井、柄が違う」

あの時の天井が甦る。父親に押し倒され、全く動けず、気持ちの悪い唇の感触と、父親の股間の感触と……。甦る、気持ちが悪い、苦しい、涙が止まらない。

ああ、ここはあの時の天井と違って、本当によかった。

死にたいとか、ブラックな私とか、私のいろいろな何もかもは、「さみしい」という根源に根ざしているのではないかと、入院中に気づいたんです。

私、甘えたいんです。甘えさせてもらえる存在、無条件に信頼できて、甘えられる人に、私は誰一人、出会ってこなかった。そんなふうにできるのって、もし生きていたら親なのかもしれないけど、大人になってからはダンナさんかもしれないけれど、私は誰とも出会えなかったんです。「私」を愛してくれる人に私は出会っていないんだ、と改めて思いました。

正直なことを言うと、カウンセリングでよく言われる、「自分で自分を愛する」という助言も、どういうことなのか、私にはよくわかりません。そこをわかっていないので、子どもたちにも、そのことを伝えることができません。「自分で自分を愛する」ってきっと必要なことだし、子どもたちにもそうなってほしいと思うけど。

「さみしくなった時は、さみしいと感じればいいし、ごまかさなくてもいい」

心理学の本をいろいろ読んで学ぼうとしていますが、この言葉の意味も全くわかりません。深く考えるのは嫌いです。寝てリセットを心がけていますが、眠っても、苦しい夢しか見ないんです。

あれ？　と気づいたのは、さみしい時、「食べる」という自分がいることです。入院中も、爆食いする時がありました、とても苦しくて、また死にたくなる衝動が出てきて、食べまくっていた時、何となくわかったんです。死にたくなる自分が怖いというのが、不安の要因でもあるんだと。

ふと、漂白剤が目に止まり、苦しいし、死にたいから、これを飲んじゃおうかと思いましたが、昔読んだ『完全自殺マニュアル』によれば、この死に方に挑んだ人は、強烈に苦しく、おまけに中途半端な状態で死ねないらしい。そう思っただけで、吐き気がしました。


入院中に天井の柄を確認した話になった時、沙織さんは呻きながらテーブルに突っ伏し、「気持ち悪い、気持ち悪い」と搾《しぼ》るように言葉を吐き出した。

対面するこちらもあまりにつらく、言葉をかけた。

「沙織さん、もう、いいよ。これ以上、その時に戻らなくても……」

顔を上げた沙織さんの頬には涙が流れ、顔は真っ赤になっていた。

その〝時〟に、一気に戻ってしまうのだ。その時からもう30年以上、経っているというのに、簡単に傷は血を噴き出す。実父による性的虐待という30年前の傷どころか、12歳の時に受けたレイプも、実父の暴力も継母の狂乱も、そこで抉られた傷はたやすく、バックリと傷をさらけ出してしまう。

1か月後、沙織さんは退院した。

死にたいという衝動

退院後は、死にたいという衝動を意識しないようにして過ごしていくしかないと思いました。なぜ、入院前にあれほど激しく死にたい願望に取り憑かれたのかはわかりません。お話ししたように、元々、生きているのがしんどいと思って生きてきたので、それが根底にあると思います。

始まりは、父親から兄への常軌を逸する激しい暴力でした。血を流す兄を目の当たりにし、暴力のあまりの凄惨さに、中学生の私は泣き叫ぶしかありませんでした。だけど泣いていたら、父親に怒鳴られ、それからは兄が殴られているのを見て、笑うようにしました。

その時、きっと精神が崩壊したのだと思うのです。

今でもはっきりと覚えています。感情をなくそうと決めたことを。

その時からうっすらと、私の未来は見えていました。結婚することもなく、20代で人生を終わらすべきなのだと。

それが滝川と出会ったことで、結婚してしまいました。そして、子ども2人を授かって、ハンデのある子の子育てや、夢ちゃんのような難しい子の子育てなど、2人のおかげでいろいろなことを経験し、今まで生きてきました。

子育ての、いろいろなシーンを思い出します。海くんが失明宣告された時は、私は、一生分は泣きました。夢ちゃんが高熱を出した時、幼児なのに、家にあった大人用の座薬を入れ、病院ですごく怒られたこともありました。低体温になっていたのです。幼児に大人用の薬を使ってはいけないなんて、そんなこと、何も知らなかったのです。親から何かしてもらったことがなかったから。

熱を出して苦しんでいても、おでこを冷やしてもらったり、座薬を入れてもらったりしたことなど一度もありません。

育ててもらうということを、知らないで大きくなったのだと思います。着替える必要がなかったので、一日中、布団の上で、パジャマで過ごしていました。朝、目を覚ましてからずっと一人で布団の上で過ごし、夕日が部屋に差し込んできて、夕食をとって、また眠る。これが、私の小さい頃の当たり前の日常でした。

こんな私が、母親になったのです。わからないことばかりでした。じゃあ、やっぱり産まない方がよかったのか。いえ、今、そうは思っていない自分がいます。

子どもがいなかったら、死ななかったとしても、50代の今まで、死んだように何もかも諦めて生きていたと思います。子どもがいてくれたおかげで、私は違う人生を生きることができているのは確かなことです。

0歳の頃、あの時、あのまま死んでいれば

たとえば、私の中には「復讐スイッチ」がまだ存在しています。だけど、子どもがいることで、それを押さないようにして生きています。独身の時は、実は何度か押しています。

その一例が滝川と付き合っていた頃、私のアパートに遊びに来ていた滝川の駐車を警察に通報したアパートの住人に対して行ったものです。そいつのバイクのシートを、カッターで切り刻んで、真っ赤なペンキをかけてやったこと、前にお話ししましたよね？　一度目の夫と浮気した友人に、硫酸をかけてやろうと画策したのも同じです。

今でも、自分がされた嫌なことは忘れることは決してなく、しっかりと覚えています。そして時が経ち、相手が忘れた頃に復讐してやろうという計画をいつも練っているのです。そうしたターゲットが私の中には何人かいて、復讐というゲームを、一人で妄想しています。それは、私の密かな楽しみです。

もちろん、滝川の不倫相手もターゲットです。ただ、子どもたちがいるので手は出しません。滝川と「車で事故を起こして2人、一緒に死ね」って、いつも願っています。

だから、子どもたちの存在が抑止力になっているのです。私が殺人犯になってしまったら、子どもたちの人生がめちゃくちゃになってしまうことは普通にわかります。もし、子どもたちがいなかったら、どうだったのでしょう？　彼女に何かしていたのかもしれません。

本音を言えば、今は復讐ゲームを考えること自体、私の中から消えてしまえばいいのにと思っています。以前の私とはどこか、変わってきているのを感じます。だって、あんなに好きだった死体の写真も、最近はネットで見ることもなくなりましたから。ちょっと前までは、ガチ・リアルな死体の写真を海外のサイトで探して、食い入るように見ていました。唯一の趣味というか、楽しみだったのです。

こんな私の子どもたち2人は、言葉や暴力で人を傷つけることをしない子たちです。私は里子村にいた時から、タチの悪い行いをいっぱいしてきましたが、少なくとも、夢ちゃんも海くんも、私のような子どもになってはいけないと思うから、母親になってからは特に、自分を律するようにしてきました。小学校に入る前からやっていた万引きも、結婚してからやめました。癖って出そうになるのですが、今でも自制心の方が勝っています。

でも、たとえば私のブラックな願いが叶って、滝川と女が交通事故で死んだとして、執着が解けるかどうかはわかりません。実父と継母に対しても死ぬことを願っていましたが、死んだ後も何回も夢に出てきますし、今も付き纏われているなぁと感じます。

もし、私がやられたことへの恨みや苦しみから救われるとしたら、実父や継母と言いたいことが言い合え、話し合える関係になれた時だったと思うのですが、2人とも既に亡くなりました。

父親が死んだことについては、残念だなどと一切、思うことはありません。むしろ、死んでくれて助かったというのが率直な思いです。金を貸せと言われることもないし、やっと面倒なことから解放されたわけですから。

だけど、死んでからも、父親のことで怒りが沸点に達することがよくあります。父親はよく、電話をかけてきました。魂胆は、借金です。その「お金、貸して」という電話が、ものすごく長いんです。話が終わらない。次から次に、脈絡なく喋りまくるのです。

こっちは切りたいのに、なぜか自分からは電話を切れないんです。聞きたくもない女の話とかを、グダグダと一方的に話して、聞かされる身はたまったものじゃありません。それで、こちらが「お金を貸す」となったところで電話は終わるんですが、電話を切った後、ものすごく不快な気分が身体中に充満しているのです。

不快さを溜め込んだまま料理していると、だんだん怒りが沸騰してくるのがわかります。怒りが沸点に達した瞬間、ガンガンガンとものを叩いたり、投げたり、訳のわからない行動が止まらなくなります。子どもたちがびっくりして、そこで我に返るんです。

父親が死に、電話がかかってこなくなっても、何かのきっかけで、父親のことを思い出し始めると、怒りの炎が燃え上がり、一気に沸点に達します。その後は、怒りの衝動に任せるがままになります。

この前は、たまたま目の前にあったリモコンで、自分の頭を殴っていました。怒りをどこかにぶつけるということをしたくて、したくて。そこに抑制力なんて微塵もなくなります。夢ちゃんを叩いていた時も、その衝動が出ていたのだと思います。夢ちゃんがイライラさせたとしても、そのことをきっかけにして、父親や継母にされたことへの怒りを、夢ちゃんにぶつけていたんです。

これって、一旦、始まると、止められなくなるんです。冷静に考えれば、私、継母と同じことをしているんです。声を荒げて、理性なんてどこかに吹き飛んで……。ストッパーなんて、どこにもなかった。そんなもの、初めから持っていなかったんです。それはきっと、今も同じだと思いますが……。

自分をコントロールする術を覚えて、日々、穏やかに暮らしたいと思っているのですが、やっぱり、いつも同じ場所へ引き戻されます。その力がまだ、強いんです。戻るのは、いつも同じところです。

0歳の時、あの時、あのまま、死んでいたら……。

「この子はもう助かりません」と言われた時に、命を落としていたら、どれだけ、ラクだっただろう。いつも、行き着くところは最終的にそこなのです。

どうして私だけ、私だけが、こんな目に遭うの？　平等という意味がよくわかりません。

「きっと、よかったって思える日が来る」なんていう偽善的な言葉は、何一つ、私の胸には響きません。

正直、子どもを授かるんじゃなかったっていう思いはあるものの、それを受け入れて、母親として生きてきました。子どもたちが、自分が産まれてきてよかったと思ってくれたら、何か、救われるのかもしれません。でも、実際の私は、2人に「産まれてきてくれてありがとう」とは、心から思っていないようにも思います。子どもたちはかわいいです。夢ちゃんも海くんも、大好きです。でも、生まれてきたことで、つらいことをたくさん経験しないといけない世の中を、歩いていくしかないわけですから。そんなつらい思いを、大事な2人に味わってほしくないのです。

助け合うメンバー

「私、今、主人格の人に言うね。一番、ママの主要を占めてる人。今がその時だから、話すね」

いきなり、夢ちゃんにこう言われました。自分でも、「あっ、これが主人格か」って、自分で自分を確認しました。ちょっと、意味がわからないですけど。この時、夢ちゃんに何を言われたかは、忘れました。何も覚えてはいないです。

「普通じゃない。普通のお母さんじゃない」

夢ちゃんからは、ずっとこう言われてきました。変わったお母さんだと、嫌われている時期もありました。その時期を経て今は、家族という〝助け合うメンバー〟として、私は夢ちゃんと海くんと出会ったんだと、2人に話しています。

私たち3人家族は、〝助け合うメンバー〟として、出会ったわけです。困った時に、一番身近な存在として、お互いに助け合うメンバーなのです。

ここにきて、海くんがだいぶ成長して、背も高くなり、電球を換えてくれるなど、支えてくれる部分が多くなってきました。

元夫である滝川のことはまだ引きずっていますけど、子どもが未成年の間は父親の役目をしてほしいという思いで、酷い扱いを受けても滝川と関わってきました。でも、海くんが成長して家を出たら、もう滝川とは関わりなく生きていきたいと思えるようになりたいです。

滝川と関わると本当に気分が悪くなるのに、まだ私の中で何かが吹っ切れていなくて、未だに夢に出てきます。すごく好きになって一緒になったので、情や思い出にすがってしまうのだと思います。

未だに、滝川が私でなく不倫相手を選んでいる、別れていないというのが許せない。これが、正直な気持ちです。

離婚は、滝川にとって「痛い方」を選んでやろうという、私の選択でした。滝川は不倫発覚後、ずっと離婚しないと言っていました。私としては、2人の関係は不倫だから楽しいんであって、離婚したら冷めるだろうという目論見もあり、離婚した方が滝川にとって痛いかなと思い、離婚届を出したのです。滝川は「勝手に届けを出した。オレはしたくないと言っていたのに」と言いましたが、手のひらを返すように、さっさと不倫相手に電話をして、離婚したことを伝え、近くまで車で迎えに来てもらう段取りをつけ、女の元へ堂々と会いに行きました。痛くはなかった、というわけでした。

こうして私の方から離婚したのに、未だに不倫相手と別れない滝川が許せないという思いがなくなってくれません。もう、「不倫相手」ではなく、堂々たる恋人なのに。

本当は、穏やかに暮らすためには、滝川と関わりを持たないことしかないのだと思います。

まだ、渡していない手紙

このインタビューを受けることで、夢ちゃんは覚えていない虐待の事実を知ってしまうでしょうし、私も知りたくないことを知ることになるでしょう。でも、私は受け止めますし、夢ちゃんもきっと同じだと思います。

取材はお互いの親子関係にとって、いいことになると思って受けています。私には親子として、母と娘として、助け合ったり、率直に話し合いができたりする関係になれればという願いがあります。ようやく、その時期が来たのだと思えるのです。

そして、この取材を受けることによって、私と夢ちゃんが親子というより、人と人として、ちゃんとつながれるのではないかと思っています。私たちは、〝助け合うメンバー〟として選ばれたわけですから。

入院していた時、素直な気持ちのまま、夢ちゃんへの手紙を書きました。

「夢ちゃんと大切なお話。夢ちゃんとさおちゃんは、それぞれの人間です。ママは夢ちゃんに依存しないように、夢ちゃんもママに依存しないように、それぞれでいながらも、助け合っていく仲間、家族。

沙織は夢ちゃんのママで、夢ちゃんはママの宝物なの。そこは一生、変わらない。どんなことがあっても、手を離さない。

ママは穏やかに過ごせるように、コントロールできるようになりたいと思っています。

一緒にいて、心地よい人と過ごしてね。夢ちゃんのせいにしたりする人には、近寄らないで。夢ちゃんにはできることだけど、もう一度、意識してみてね。そこにママも入っているのなら、『話しかけないで』って、言っていいんだよ。ママで練習してね。ママはへなちょこだから、そこで、コントロールすることを練習します」

まだ、夢ちゃんに渡していない、私の心にしまっている手紙です。

それにしても、夢も海も退院した途端、車の送迎を頼んでくる。夢も海も、強く押せば私が動くことをわかっているから、しつこく何度も言ってくる。幼稚園児でもないのに、それで疲労困憊になって入院したのに……。一体、いつになったらこれが終わるのか、本当に頭が痛い。

穏やかな日なんて、まだずっと遠くにあるようです。

無条件の愛

前作の出版後、沙織さんが私に託してくれた11年前の手紙がある。第二章で一部を記したが、ここで全文を紹介したい。

「私はこの本を読みません。出版前に目を通すこともしませんでした。

真実を世に知ってほしい、もっと早い段階でのケアがどれほど重要かということの必要性を知っていただくことの願いを込め、祥子さんに託そうと決めました。

トラウマとは、『こころ・魂の傷』です。

私は養育者に値する人が、4人、変わりました。これにより、邪魔者（物）、また捨てられるという感覚が無意識に植え込まれたと思います。

大切にされている犬、猫にすら妬みを覚えていたことを記憶しています。

7歳の時には、愛されている子どもを殺傷したい、妄想殺害計画を立てました。

第三者の大人、養育者から受ける魂の傷、これを背負っての生活は、『恐怖』。死んだように生きる、生き地獄です。

トラウマとして刻み込まれた記憶は日常の些細なことで脳裏によみがえり、その度に脳を侵し壊れていく。気が狂いそうな自分を抑え込む。トラウマに人生を支配されてしまう。

安心して暮らしたい。

トラウマやフラッシュバックは生きるための安心感を壊し、生活の中にある連続性をストップさせ、思考、精神状態に多大な影響を与え、魂の動きを止めてしまうのです。

見捨てられる……、無関心が人の心に諦めを与え、存在を感じることさえ、全て諦める。

愛された感覚がなく育ち、20代で『生きる』ことを止めようと決めていた、そんな私がそれでも母になることを選び、2人の母親になりました。与えられなかった感覚を伝えることは容易ではないと感じながら、それでも2人のお母さん。

私がずっと感じたかった、『無償の愛』『無条件に愛する』。このことに気づける日が必ず来ると……、そう信じます。


沙織」


12年前の取材で、沙織さんは一度、私にこう問うた。沙織さんが運転する車内で、助手席に乗っていた時のことだった。

「祥子さんは、2人の子どもたちを無条件に愛していますか?」

唐突な問いに、一瞬、戸惑ったことを覚えている。そして、私はこう答えた。

「2人の息子を愛することに、条件なんてないし、そういうことを考えたこともないよ」

ハンドルを握り、前を見ながら、沙織さんはサラリと言った。

「そうですよね、愛するのに条件なんてないですよね。私は『無条件』を検索して、考えないとわからない」

あれから十数年の時が経ち、今回の取材では、沙織さんは一度も「条件」なんて言葉は使わなかった。沙織さんにとって、「無条件」は、もはや検索して考えないとわからない言葉じゃない。沙織さんは、ちゃんとわかって2人の子どもたちのお母さんをやっていた。手紙に記した最後の願いを、沙織さんはきちんと自分の力で手にしたのだ。

この10年余、年に1、2回は沙織さんと会って杯を傾けてきたが、沙織さんから夫のことが語られることはなかった。だから私は目の前の沙織さんが、地獄でのたうち回る怒濤の日々を生きていたなんて、今回の取材に至るまで思いもしなかった。

地獄の日々に翻弄されながらも、沙織さんは常に目の前の相手を気遣い、楽しくなれるよう、明るい笑顔とユーモアを持っている、そんな女性なのだ。生きているのが不思議なくらいの過酷な生い立ちを経て、どうしてこんなに思いやりのある女性になれるのだろうと何度、思ったことか。

これほどまで過酷な人生を背負わされながら、沙織さんはいつも優しく、明るく、そして楽しい人物であることを書き加えておきたい。そしてそれこそが、夢ちゃんが感じている、「ママの、主人格を占める人物」のありようなのだ。

満身創痍の生い立ちを経て、「育ててもらえなかった子ども」が母となり、暴力の衝動が止まらなかった時期を乗り越えて今、沙織さんは娘を個として尊重し、率直に話し合える関係性を築くことを目指し、これからも「手を離すことなく」見守っていこうとしている。

沙織さんはすでに、「無条件」に、2人の子どもを愛している母なのだ。

断章

自分が、何とかしてあげたい

――滝川惇

沙織さんが初めて愛したただ一人の男性であり、手ひどい裏切りを喰らわされた相手でもある元夫、滝川惇さん。

沙織さんにとっても夢ちゃんにとってもある意味、大切な存在であることは間違いないのに、存在感の希薄さが拭えなかった。

12年前の取材では、沙織さんの口から夫に関してはほとんど語られることがなかったが、今回の一連の取材では怒りと恨みの対象として話の中心に躍り出てはいた。だが、どうにもその摑みどころのなさに、人物像が結べないでいた。

やはり、直接、会って話を聞いてみたい。

沙織さんに仲介を頼み、滝川さんに取材を申し込んだ。少し時間がかかったものの、滝川さんは取材を受けてくれることとなった。取材を頼んでおきながら、矛盾することを言うようだが、受けてくれたことは正直、とても意外なことでもあった。

「コメダ珈琲店」を取材場所とした。ここは、沙織さんが取材のためによく連れてきてくれた店でもある。2人は別れたというのに、改めてこれほどの至近距離で暮らしていることを思い知らされた。

滝川さんの希望は土曜日の午後、時間は17時まで。沙織さんにその旨を伝えたら、サラリと一言。

「女にバレないように、会うわけだ。その時間なら、仕事って言えるから」

2人のそんな事情まで、沙織さんは手にとるようにお見通しだった。

土曜の午後、「コメダ珈琲店」は大勢の客で賑わっていた。奥まった席を確保し、LINEでやりとりをしながら、入口を見渡す私の前に、滝川さんはにこやかな笑顔で現れた。

何か、違和感が拭えなかった。何かしら後ろめたい思いや、気が引ける思いとか、取材相手への警戒感など、そういった類の表情を纏って、滝川さんが現れるのではという漠然とした予感があった。

ところが、あまりに無防備な、満面と言っていい如才ない笑みに、違和感どころか、正直、面食らった。

滝川さんは、どこから見てもきちんとした会社員だった。年齢は沙織さんと同じ、53歳。福祉用具関係の会社で、人事を担当する部署にいるという。勤続年数からしても、相応の立場であるのだろう。

長身で、腰回りに少し肉がついているようにも思うが、肥満でも痩せ気味でもない体型だ。若干後退した前髪には、どうしても年齢を感じてしまう。沙織さん曰く「若い時は、すごくカッコよかったの。素敵だったの」という面影は、甘いマスクの残像と艶やかな声に、かすかに残っていた。

「べっぴんさんだな」

聞くべきは、沙織さんとの関係の全てだ。まず、出会いから聞いた。

――沙織さんが受付をしていた宿泊施設で、そこに業者として来られて、彼女と出会ったわけですよね？

「会社に入ってまだ何年かぐらいで、トラックに乗って商品を配達していたんですよ。そこで、彼女は受付をしていて、『べっぴんさんだな』と思いました。ほんと、20代の彼女は、すごい〝べっぴんさん〟でしたよ。行くたびに絶対にいまして、いつもすごく丁寧に対応してくれるんです。出入りの業者という感じで見下すのではなく。それで、食事にお誘いしたんです」

――それで好意を持たれ、付き合いたいと？

「そうですね。最初は2人で会って、ただ食事に行くような感覚でした。付き合うとか、そういうことではなく」

――彼女は、どんな印象の女性でした？

「その時はすごく明るくて、いつも笑っていた印象はありますね」

明るい？　それが意外だった。「死」を意識して、生きていた時期なのに……。

でも、考えてみれば、沙織さんという女性は、私と会っている時も、いつもおちゃらけて、ユーモアたっぷりに相手を笑わせる、さばさばとした明るい人なのだ。それは相手への思いやりのための装いなのか、内面を見せないための〝武装〟なのか、そもそも、それが本質なのか。私には、長年、身体に染みついた、〝武装〟のように思えるのだけれど。

その頃沙織さんは、父親に「栄養士の資格を取れ」と言われたため、昼は専門学校、夜は高級クラブで働くようになる。父親が学費を一切出さなかったため、水商売をするしかなかったのだ。沙織さんは、次第に滝川さんに甘えるようになっていく。

「よく迎えに行きましたよ。夜中の1時、2時とか、べロンベロンに酔っ払っている彼女を抱えて、車に乗せて、家に連れて帰るみたいなこともやっていました。電話がかかってきて、迎えに来てほしいと。なんか、そんな感じだったと思います」

酔っ払っている沙織さんを家に送り届けても、何もしないで帰る滝川さんに、沙織さんの警戒心は少しずつ溶けていく。

しかし、沙織さんにとって、心を許すことと、男女の一線を越えることの間には大きな壁がある。性行為には、逃れようもないトラウマがあり、それが沙織さんをがんじがらめにしていた。

――沙織さんは、性的関係を持つのがすごく大変だったと言っていました。

「そうでした。最初の時、少しでも触れると、触ったところが赤く腫れてくるというか、そういう感じだったので、私はもう、触ることもなく、どこにも触れずに、という感じでした。『あっ、こんなふうになるんだ』って思いましたね」

ショックって言っても、仕方がない

——その頃なのでしょうか？　沙織さんから生い立ちの話などを聞いたのは。

「親しくなった後には、そういう話をしてくれました。小さい時はお寺に預けられていて、そこでのおばあさんの話とか。お兄さんが早々と家を出られたとか、お父さんからの暴力とか。実際、お父さんには会っていますが、割と血の気が荒いなという印象はありましたね。一度目の結婚のことも聞きました。そのことにも、特に抵抗はなかったです。出会ったのは、もう離婚した後だったので」

沙織さんは、結婚前は実父の性的虐待については話せなかったと言っていた。それでも断片的に話す沙織さんの生い立ちに、滝川さんはショックを受けなかったのだろうか。

——滝川さんご自身、そういう生い立ち含めて、沙織さんの過去のいろいろな話を聞いてショックではなかったのですか？

「まあ、ショックって言っても、もうね、仕方がないというか。過去のことなので、『ああ、そうなんだ』というような感覚でしたけどね」

ああ、そうなんだ……、そう言って、流してしまえるものなのだろうか。ザラリとした違和感が、うっすら積もる。

――結婚の決め手というか、そういうものはあったのでしょうか？

「生い立ちの話を聞いて、逆に、俺と一緒にいた方が、今度は安心できるんじゃないかなとは思いました。このまま、今は一緒にいたらいいいんじゃないかと。当時は、そういうふうに思っていたと思います。『自分だったら、何とかできるかな』っていう感じが、あったんですかね、多分」

自分だったら、沙織さんという女性をきちんと支えることができる。滝川さんはそう思ったからこそ、沙織さんと一緒に人生を生きることに決めたのだ。生い立ちを含め、沙織さんを丸ごと愛そうと。

――その思いは言葉にして、伝えられたのですか？

「あんまり、そういうことを言った記憶はないのですが、どこかのタイミングで言ったのかな」

その思いはきちんと、沙織さんに伝わったのだ。だから、「得意ではない」と感じている性行為も、「パッチテストのようなもの」を何度か繰り返し、段階を経ることで、沙織さんは克服していく。そうして、滝川さんと幸せな気持ちで性行為ができたということは、沙織さんにとって、どれほどの喜びだったことだろう。

幸せな思いを味わうことができたおかげで、傷つき体験しかない性行為に、いい上書きができたのだろうか。激しく損傷し、抉られた傷口を少しは埋めることができたのだろうか。沙織さんは「愛おしくてたまらない気持ち」で、滝川さんと結婚したとはっきり言った。

——沙織さんは、すごく愛おしくて結婚したと言っていました。

「沙織が、ですか？　ふうん、まあまあ、そうですね。ただ一度、破談になっているんです。うちの両親と一緒に生活することになって、結婚式の日取りも会場も決めて、皆さんに案内もしたあとに、破談になってしまったんです。うちの母親とあまり相性が良くなくて、私が『それぐらい、我慢しろ』と母親の肩を持ってしまったことが、彼女にとってはうれしくなくて、『なんで、私を守ってくれないんだ』って、家を出て行ってしまった」

沙織さんは義母とはうまくやっていきたいと、心から願って同居した。今度こそ、「お母さん」と呼べる人と、いい関係を作りたいと。しかし、その後に続く顚末を聞く限り、義母はその思いに値する人ではなかったわけだ。率直な思いが伝わるどころか、曲解や妬み、意地悪など、沙織さん自身には理解できない感情に振り回されていくことになる。

——そもそも沙織さんは、新婚当初は2人だけで生活したいと望んでいたと言っていました。

「一時期、彼女のマンションに私が住んで通勤していたことがあり、あの時は楽しかったって言いますね。出て行ってからしばらく経って、沙織が戻りたいという意思表示をしてくれて、ヨリを戻したわけです。でも、その頃には私は別の女性と仲良くなりつつあって、ここが私の悪いところで、こっちはこっち、向こうは向こうで、向こうが頼ってくると助けてあげたりとかしてしまって、切るに切れず、みたいな。沙織が正式に戻ってくるとなって、その彼女にはもう会えないと伝えました」

なんと、滝川さんには「今」に通じる萌芽が、結婚前からあったわけだ。

――夢ちゃんが生まれるまでは、ラブラブだったと聞いています。

「はい、その頃はずっとそうですね。私がトライアスロンのレースに出ていたので、海外も一緒に行きました。当時は本当にあちこちに行っていましたし、幸せでしたね」


「私、寝れちゃうんです」


――子どもは、2人とも望んでいたのですか？

「はい。私は早く子どもが欲しかったですし、彼女も欲しがっていました。今で言う妊活とは違いますが、その日を目指してというか、彼女から、『今日が一番いい』みたいな、そう言うのが、何か月も続いたような記憶があります。子どもができたって言われた時は、喜びましたよ。なんか、『お父さん』とか、『パパ』とか言われて、『えー？』ってなって、泣いて喜んだ記憶がありますね」

滝川さんと一緒なら、沙織さんは「母になっていい、母になりたい」と思ったのだ。できればそのまま、幸せな時間が続いてほしかった……。

――そうして望んで生まれた夢ちゃんが、寝ない赤ちゃんだったわけですよね？

「夢ちゃんは、本当に寝なくてね。『いや、そうは言っても泣き疲れたら寝るでしょう』って、みんな言うんですけど、本当に寝ないんです。1時間おきに、泣いて起きるんです。なので、沙織は大変そうでした。泣いている隣で私、ガーガー、寝てますからね。私、寝れちゃうんです。私は日中、仕事をするし、彼女は仕事がないんで」

赤ちゃんが寝てくれない。それがどんなに、新米の母親にとって辛いことか。専業主婦だからいいだろう、では決してない。沙織さんの苦しみ、辛さを、滝川さんは夫としてどれほどわかっていたのだろう。

――大変そうだなというのは、見ていてわかりましたか？

「見ていて……、そうですね。大変だなーと。泣いて、懇願されたりとか、なんか手伝ってほしいとか、言われたりしたのはありましたね」

その口ぶりからは、妻の懇願に応えたとは思えない。滝川さんはすぐに言葉を継いだ。

「ただ、生まれて1歳にならないうちに、私が地方に転勤になるんですよ。それで、沙織は嫁の役割からは解放されるので、いいタイミングかと思って。離れれば、うちの両親に手助けとかは頼めないんですけど、関係性は離れた方がいいかなと。盆正月に帰ればいいので」

12年前の取材の際に、沙織さんは延々と、この夢ちゃんが寝ない時期の苦しみを語っていた。「そのうちに寝るようになるわよ」と、軽くあしらう助産師に殺意を抱くほど、地獄をのたうち回るような日々だった。しかし、一つ屋根の下に子どもの両親として暮らし、同じ部屋で眠るパートナーが、妻の苦しみの片鱗すら感じていないことに、私は呆然とする。

この夫は助けてくれない、苦しみを分かち合ってくれないと、どこかで、沙織さんは唇を噛み締め、諦めたのか。何を言っても、暖簾に腕押しでしかないのだからと。

——夢ちゃんが3歳の時に、目の障害がわかるんですよね？

「そうですね。入院をして、目の手術を受けました。その後に、沙織もレーザー治療をしたんですけど。遺伝的なものだろうと先生に言われて。どちらかというと、自分の遺伝だと思っているんですよ、彼女は。次はもう生まないようにしようと思っていたら、海くんができたんです」

——海くんは生まれてすぐ、全盲と言われたのですよね。悲しかったですか？

「私が、ですか？　うーん、そうですね。どうしようもないんで、一緒に障害と付き合っていくしかないかなっていう感覚でしたね。やっぱり、制限されることがあるわけですから。でも、今はちゃんとできる範囲のことを、楽しくやっていますね」

海くんが全盲と判断されたことで、沙織さんは激しく苦悩する。悲しみと、自分からの遺伝であるという自責の念で、身悶えするほどの混乱に陥った。母親と父親との違いなのかもしれないが、滝川さんには心が痛むということはなかったのだろうか。いずれ受け入れなければいけないとはいえ、これほどスルリと「障害受容」に身を寄せることができるものなのか。

——夢ちゃんは、幼稚園へ行きたくないという子でしたよね？

「そうなんですよ。もう本当に手間がかかっている。幼稚園だけでなく、小学校もなんですけど。私が車で送って行っても、幼稚園に行きたくないって。どうしようもないから、そのまま家に引き返して、家に戻してとかいうのもありました」

「100%には応えてはいなかったと思います」

生まれたばかりの海くんと一緒に沙織さんも眠りたいのに、幼稚園に行かずに家にいる夢ちゃんが寝かしてくれない。夢ちゃんへのイライラとストレスが暴力を呼び起こすことを沙織さんは何度も、その日々に立ち返り、顔を歪めながら語った。

――一度、児相に子ども2人を預けていますよね？　子どもは、里親さんのもとで暮らすようになって。その時は、どのような思いでしたか？

「ああ、そうですね。沙織が入院をすることになったんです。もう、どうすることもできない。日中、子どもを見る役割の人が、それをできないってことですので。その時、私は営業所の責任者みたいなことをやっていたので、自分が抜けるわけにはいかない。そういうところがあるんなら、ちょっと助けてもらおうかと、2人で話し合って……」

児童相談所は、〝公的ヘルパー機関〟ではない。それに、この話は事実関係が前後する。沙織さんの入院は、子どもたちが児相に保護された後だ。

――入院前、沙織さんは車を運転していると、このまま川とか湖とかに突っ込もうかと思っていたと。そういう危うさみたいなものを、沙織さんに感じていましたか？

「うーん、そんな感じもありましたね。ほんと、ストレスだったんです、夢ちゃんが。当時、私は土日になると、トライアスロンの練習とかで、ランニングに行ったり、自転車に乗ったりとか、自分のやりたいことをやっていたので、なかなか、助けるというところまではやっていない。だから、彼女の望むもの100％には応えてはいなかったと思います」

せめて休みの日だけでも、夢ちゃんを連れて遊びに出かけてくれれば、沙織さんはどれだけ心身を休めることができたことか。

何だろう、滝川さんのこの危機感のなさは……。妻が、子どもを連れて自殺する一歩手前まで行っていたのだ。

――夢ちゃんに、沙織さんが暴力を振るっていたことには気づいていましたか？

「いや、そこは知らなかったというか、全く気づかなかったですね。なんか、『つい、手を出してしまう』とか、そんなことは言っていましたが、夢ちゃんにあざができるとか、明らかにケガしているとか、傷があるとか、そういうことはなかったものですから。それに、夢ちゃんももう、意思表示をしますからね、言葉が喋れないわけではないので。ただ、『ついつい、叩いてしまう』みたいなことを、彼女が言っていたような記憶はありますけれど」

「ついつい、叩いてしまう」――、それはどれだけ、勇気を奮った告白だったことか。娘への虐待者になっている自分のことを夫に打ち明けたのは、ただ一つ、ヘルプを求めてのこと。お願い、私を止めてほしいと。

虐待と言っても、どの程度かがわからない

――夢ちゃんから、ママが怖いとか、訴えられることはなかったのですか？

「それもなかったですね」

――では、沙織さんが虐待をしていたということは全く認識していなかった？

「虐待と言っても、どの程度なのかがわからないのですけれど、あざが残るとか、そういうことは見受けられなかったので。お風呂は私が一緒に入れていましたから。お姉ちゃんとは割と、小学生ぐらいまでは一緒にお風呂に入っていました。あざも傷もなかったので。なので、ちょっと（虐待というのは）わからなかったですけど」

――沙織さんは児相に「今、半殺しにしかけています」って、電話をかけたこともありますが。

「半殺しという表現が、ちょっと、なんともなのですが……。『このままでは、何かあったらいけない』ということは、言っていたのは覚えています。とにかく、夢ちゃんが、ものすごいストレスなんです。盲学校に送って行った時も、車のシートにしがみついて泣き喚いて車から降りなくて、先生にランドセルを渡してから、泣いているのを無理やりシートから身体を引き剝がして、先生に渡すという、そういう繰り返しでしたから。4年生の時です」

自分にとって大変なことをしでかしてくれた娘のことは覚えているが、妻が必死に訴えようとしていることには何一つ、想像は及ばない。

――夢ちゃんは今、「だいぶ、親には迷惑をかけたみたい」とか、そんな言い方をしています。

「大変だった話を笑い話で、私は彼女にするんです。夢ちゃんも笑っていますけど。私にとっては今になったら、もう、笑い話でしかないんで」

――沙織さんにとってはまだ、笑い話にはなっていないようです。

「あんまり相性が良くないのか、どうなのか。夢ちゃんは、母親の機嫌をうかがうようなところがありますから。アルバイトの帰りに夜、駅に迎えに行くと、『今日は、ママ、すごい機嫌が悪いから』みたいなことを言ったりするんですよね」

夢ちゃんは、沙織さんの別人格のことを言っているのではないか。いよいよ、滝川さんに、夢ちゃんが感じている沙織さんの別人格について話してもらう時が来た。

パッと別人みたいになることはある

――夢ちゃんは、ママには多分、４つぐらいの人格がいるはずだって言っていますが。

「沙織に、ですか?」

――何か、違和感とか、感じたことはありますか?

「いや、そうですね。う｜ん、そうですね。最初に感じた違和感というか、それを今、思い起こすと、ですね。昔、沙織が一人暮らしをしていたアパートに私が遊びに行った時に、車をアパートの下にあった、車が1台停められるようなスペースに停めておいたんです。それで、通報されたんですね。沙織は、余計なことをしてくれたって怒っていました。沙織のアパートにはバイク用の駐車スペースがあって、『多分、この人が通報したんだ』と勝手に決めつけて、その人のバイクのシートを、カッターで切ったとか、そういうことがあったんです。そのことを後から聞いて、ああ、そうなんだ、そんなことするんだっていうのはありました。割と感情的で、喜ぶ時は本当に喜ぶし、悲しむ時はすごく悲しむし。それが、沙織に感じた違和感ですね。何かないかって聞かれたら、それが一つ、思い浮かびます」

このことは、沙織さんからも聞いている。沙織さんはシートに赤いペンキもぶちまけてやったとも言っていた。

——結婚生活の中で、何か、別人格を感じたことはありませんか?

「そういうことはないですね。感情的になるきっかけは、夢ちゃんが寝ないということです。それで、ストレスがどんどん溜まっていったんだと思います。そのストレスを溜めている彼女と一緒にいるのが、私もストレスになっていって。明るい彼女とは別人で、私の感覚では次の日になれば元に戻るだろうって思うのですが、彼女は長引くんです。ずっと機嫌が悪く、笑うこともなく」

——何か、急にパッと感情が変わるみたいなことはありますか?

「はい、あります。普段からキレやすいってことはないのですが、感情の起伏は激しかったと思います」

――夢ちゃんは小学生の頃、いつ、ママが変わるかわからないので、ビクビクして、トイレしか、安心できる場所がなかったと言っています。

「いや、そう言われて、え？　そうだったのかなって。私は夢ちゃんみたいに感じていなかった。ちょっと度を超えているっていうのはありますけど、普通の感情の起伏の中に、ギリギリ収まっているんじゃないかなと。起伏が激しいなとは思っていましたが、別人格までは……」

夢ちゃんは別人格になったママに怯え、どう対応するか、薄氷を踏む思いで、対応を慎重に見極めていく術を身につけた、ママに潜むいくつかの人格。この沙織さんの別人格について、夫という最も身近な存在であり、20年近く一緒に暮らしてきた人は、ほとんど何も感じていない。夢ちゃんは、ママの別人格について、パパも知っていると語ったが、そんなことはなかったのだ。

――夢ちゃんは「私を苦しめるために生まれてきた。あんたなんか、産まなきゃよかった」ということを何回も言われていると。おそらく、どんないい娘になっても、一生言われると言っています。

「そう言われた？　そういうことを直接言っているところは、私、聞いてないんで。私の前では、そういう発言はなくて……」

――海くんも、ママに「ものに当たらないで」と言っているようで、豹変するところを見ているようです。

「私が別の女性とちょっと仲良くなってとかね、そういうことでキレた時には、ものに当たるとかっていうのはありましたけど。これは、原因がこっち側にあるので」

滝川さん自ら、自身の不倫に舵を切ってくれた。滝川さんはさらに言葉を続けた。

「別の女性と仲良くなった時には、すごく一方的にキレていましたけれども、それは普通のことですものね」

戻るタイミングがなかった

夫の不倫という激震により、「普通のこと」には括られないことも沙織さんは起こしている。夢ちゃんが教えてくれた喫茶店での〝修羅場〟はまさに、ここのコメダではなかったのか？

「それは、ここじゃなく、違う店舗のコメダでした。私的にはあんまり子どもを巻き込みたくなかったのですが、彼女は一方的にそういうふうにしてしまったので。いや、もう、みんなからジロジロ見られてですね。なんか、ちょっとキレたのかな。お姉ちゃんはその女性に『すみません』みたいに謝って、海くんを連れて、ばーっと出て行きました。会社にも来たんですよ。いや、もう、あれはびっくりしましたね」

小学校低学年の海くんを連れて、滝川さんの会社に乗り込んで行ったことは夢ちゃんから聞いている。

「私が仕事をしている時に、うちの事務所に来て、『この人が、誰々と不倫してます！』って大声で言うんですよ。その人が、会社にいるわけじゃないのに。会社にいればね、来る理由もあるじゃないですか。『それって、何しに来たんだ？』って。海くんには食堂でごはんを食べさせておいて、一人で事務所に来て、わーっと一方的に言って、私の上司が話を聞きました」

確かにそれは修羅場以外の何ものでもない。けれど、そうでもしないと、沙織さんは自分を抑えることができなかった。理性とか自制とか、そんなものが簡単に吹っ飛ぶほどの荒れた日々を生きるしか、沙織さんにはやり過ごす術がなかったのだ。

――なぜ、離婚になったのですか？

「別に、その女性と一緒になりたいからというわけではなく、戻るタイミングがなかったんですね、私には。沙織と別れたいとは思っていなかったし、そのつもりもなかったですから。ただ、こっちに選択権はあんまりないなと思って」

相手の女性と別れることを条件に、滝川さんは一度、家に戻っている。「選択権がない」滝川さんが、沙織さんからチャンスを与えられたのだ。しかし、その2週間後に、彼女と会ったことが発覚し、元の木阿弥となった。

「一度、家に戻ったあとも、『やっぱり、なんで、あの女と？』とか、沙織は何度もいろいろ聞いてくるんですよ。そこが嫌だったんでしょうね、私としては。結婚する前、別の女性と付き合っていた時に、十数万円する指輪をプレゼントしたんですよ。その女性とは別れて沙織と結婚したわけですが、クレジットで買った指輪の明細を沙織が見つけて、『これは何？　こんな高価なもの、あげたわけ？』みたいになって。私も迂闊だったんですけど、そのことを、ずっと永遠に言われているわけです。終わらないんです。過去のことだとは、沙織には思えない。同じことを、ずーっと言い続ける。言われます。私の性格上、前のことだから、もういいだろうって言うのが大前提にあるんですけど、沙織は終わらない。解決していない」

——夢ちゃんから、「ママから逃げられていいね」と言われたと。

「そのことは、夢ちゃん、私に言っていました。ただ、離婚したかったわけじゃないですし。逃げたかったんじゃないかって言われれば、昔のことを延々言われ続けることから、でしょうか。過去のことだからいいだろうって思うんですが、そんなこと、口が裂けても自分からは言えないですよね」

「あなたが、そのことを気にしたかどうか」ではない

そろそろ、取材も終盤だ。最後に聞きたい質問を一つ残し、滝川さんは今、結婚の〝誓い〟をどう思っているのかを聞かずにはいられなかった。

——沙織さんと結婚を決めたのは、自分と結婚することで、沙織さんの過去の苦しみを含めて、人生が良くなるという思いがあってのことだとうかがいました。でも、今の状態は結果的により苦しみが増すという、沙織さんに過酷な体験を強いることになっています。このことに関して、どう思っていますか？

「そこは、難しいなあ。結婚する時は、自分が何とかしてあげたいという思いがありましたね。愛情とか、そういうものがありましたから。ですけど、他に目移りするという、私の人格の問題がありまして」

滝川さんの浮気は、これが最初ではなかったのだ。過去に何度もあり、沙織さんに発覚したものもあった。しかし、どれも短期間で終わったことで、今回のように修羅場を経ての離婚というケースには至らなかったのだ。

――自分が何とかしたいと思ったけれど、それができなかったという思いですか？

「別に、結婚期間、そのことだけに執着していたわけではないので。それが達成できなかったとは、思ってはいないんですよ。一定の結果は、出ていたんだと思うんです。子どもも授かって、幸せな時間もありましたから」

沙織さんに幸せな時間を作ることができたからと言って、何が「達成」できたと言うのだろう。「目移り」など、言っている場合じゃない。そもそも「目移り」って、何？

生涯かけて、沙織さんと共に生きてほしかった。激烈な過去を生きてきた人間を自分が受け止めると覚悟したのなら、なぜ、それを貫いてくれなかったのか。

これ以上は、繰言《くりごと》になる。最後の質問に移ろう。

――沙織さんから、実の父親から性的虐待を受けていたという話を聞いた時、どう思われましたか？

「それを聞いたのは、ずいぶん、後のことだったと思います。結婚前ではなかったですね。私の中では、あんまりそんな、大したことではない、というか。そりゃ、みんな、問題を持っているわけで、しかも、過去のことなので。まだね、継続していたら、ちょっと問題ですけど。過去のことなので、そんなに私は気にならなかったです」

沙織さんはこのことを、勇気を振り絞って、初めて誰かに話したわけだ。大切なパートナーだからと。その反応が、これだった。

滝川さんに私が尋ねたのは、「あなたが、そのことを気にしたかどうか」ではなく、妻が受けたそのはかり知れない痛みを、あなたがどれだけの想像力と共感性を持って受け止めたのか、ということだった。

滝川さんには永遠に通じない質問だった。〝大いなる鈍感力〟——、私にはその言葉しか思い浮かばない。

実父からの性被害を、64歳まで誰にも話さず生きてきた女性を妻に持つ夫が、虐待被害者の講演を聞いたことをきっかけに、妻も被害者ではないかと思い、ともにセラピストを訪ねたという記事を読んだ。女性はセラピストに、実父から何をされたのかをその時に初めて話した。話を聞いた夫は、妻と一緒に泣いた。

取材を終えた女性は、記者にこう話した。

「家族が信じてくれた。それは大きかった。『どうだ！　こんなに私は幸せになったんだ。ざまーみろ』というのが、一番の仕返しかもしれない」

はっきり言える。沙織さん、滝川惇さんは、あなたが信じていい人間ではなかった。手ひどい裏切りに、あなたはかくも翻弄され、地獄の泥水を啜《すす》り、のたうち回って、どこにもぶつけようもない咆哮《ほうこう》を、血を吐きながら噴出し続けてきたけれど、それは尊いことだったと私は思う。滝川惇という人間を、あなたの人生から関係のない人間にするために、それは、通らなければいけない〝地獄〟だった。そして今、あなたは自力で、地獄を抜けようとしているわけだから。

沙織さん、〝次〟に行こう。滝川さんの隣ではなく、沙織さん自身で、「ざまーみろ」と言える場所へ。

終章　ゴールのない物語

母と娘の物語に、「ゴール」はない。関係性は生きものであり、変化していくものだから。今もまだ、お互いがそれぞれ、ベストと思える到達点を探し、葛藤する日々に変わりはない。

久々に会った夢ちゃんは、黒のラコステのポロシャツ風ワンピという、清楚で上品な出立ちで現れた。最初に会った時より、ずっと大人びて見える。

カウンターだけのホルモン屋で、沙織さんと夢ちゃんは並んでホルモンを焼き、美味しそうに頬張り、笑っている。その姿は、仲睦まじい母と娘の楽しげな夕餉《ゆうげ》以外の何ものでもない。

食事を終えた後、沙織さんとは別れ、夢ちゃんと一緒に駅に向かった。

「今日はママ、やばいかも。どっかへ行っちゃうかも」

表情を曇らせ、ポツリと夢ちゃんは呟いた。

沙織さんが自虐的に「徘徊」と言っていた、無意識のうちにどこかへ行ってしまう行為のことなのだろうか。唇を噛む夢ちゃんは、ひどく心配そう。母親のことが、気になってしょうがない。この夜、沙織さんに何か不穏なことが起きるのか。19年一緒に生きてきた夢ちゃんの直感に、おそらく間違いはない。夢ちゃんは、沙織さんが何か、おかしなことをしそうな時がわかるのだ。

諦めたのか、心配を吹っ切ったのか、夢ちゃんは私に面と向かって、こう言った。

「実は私、前とはもう違うんです」

最後の取材と考えていた対話の中で、本文でも触れているが、夢ちゃんはキッパリと言い切った。

「私だって癇癪を起こさなくなって、感情をコントロールできるように変われたのだから、ママもきっと変われるはず。そうなれるよう、私が支えになれればいいな」

だけど、夢ちゃんは今、そうは思わない。

「さおちゃんを変えようって思う人間は、さおちゃんに変わります。私の心も奪われちゃうなーって思ったんで、切り分けようと決めたんです。さおちゃんの人格が切り替わったタイミングで、何を言っていても、私はそれを聞かないで、その場から立ち去って、部屋に入るようにしたんです。無視ではなく。ふーん、ふーんって、聞き流しながら」

沙織さんの別人格が現れ、よくわからないことを始めたり、凶暴になったりする時は、「その人」と関わらないようにしようと夢ちゃんは決めた。「さおちゃんに変わる」という表現は、沙織さん、つまり母親に飲み込まれてしまうということか。

　会わないでいた7、8か月の間に、何かがあったのだろうか。いや、何か決定的な出来事があったわけではないだろう。これまでの沙織さんとの関係の積み重ねから、これ以上、その部分に関わっていると、自分が持たなくなることが、夢ちゃんにははっきりとわかったのだ。

「さおちゃんが変になったら、『私も影響されちゃうよ』ではなくて、そうなっても、『影響されないよ』ってならないと、自分が壊れちゃうと思ったんです。ちょっとお試しで切り分けてみたら、もう、びっくりするぐらい、私が楽ちんなんです」

　取材時の夢ちゃんは淡々と豊かな比喩を駆使し、気丈に沙織さんとの関係を語ってくれたが、その内実は、別人格が現れるたびに「その人」に振り回され、「影響される」という、ぐらぐらの日々を生きていたのだ。だから、夢ちゃんはもはや、いちいち影響される自分をやめにしたいと決めたのだ。

　夢ちゃんは、沙織さんに現れるそれぞれの人格に、とりあえず向き合うしかない日常を生きてきた。いつ何時《なんどき》、瞬時にどんな人が現れるか、全く予想もつかない中、目の前に出現した「その人」に対峙するしかないわけで、それが「対処」であり、「能力」だと夢ちゃんは言った。

　それはひとえに、地雷を踏まないためだ。「マイナス爆弾」が炸裂し、凶暴な嵐に自分や海くんが飲み込まれないように。そのためにはどうすればいいのか、どちらの選択肢が正しいか、瞬時に見極めて、行動し、うまく対処できた時の自分を「沙織プロ」と自分で自分を褒めてきた。

それらのことを一切、夢ちゃんはやめた。もはや、徒労にすぎないとわかったのか。それどころか、自分の心まで侵食されかねないという〝危険水域〟に、足を踏み入れていたことを思い知ったのだ。

「切り分ける」手法

夢ちゃんが本書で語ってくれたことは、これまでたった一人、満身創痍になりながら、身一つで試行錯誤し、「沙織プロ」になったという経緯の、ほんの一部に過ぎない。唯一、同志と呼べるのは、弟の海くんのみ。そこに、父親はいない。海くんは夢ちゃんの帰りが遅い時、さりげなく、こんなことを言ってくれる。

「お姉ちゃん、今日、ママ、体調悪いから、気をつけて」

そんな海くんを、夢ちゃんは可愛くてしょうがない。

「全人類の弟で一番かわいい。全人類が海くんだったら、平和だろうな」

「姉バカではない」と言いながら、満面の笑みで弟のことを話す夢ちゃん。姉と弟、そうやって生き延びてきたのだ。

19年、こうして生きてきて初めて、夢ちゃんは「切り分ける」という手法に到達した。それは、母親との間に一定の距離感がとれるようになったということなのか。ある程度、沙織さんを客観視できるようになったということなのだろうか。

「もちろん、切り分けができない部分はあるんです。切り分けきれない部分で、私はしんどくなるんですけど、今まで全部を引き受けていたから、切り分け始めたら、その分、だいぶ、楽ちんだなーって。無視はしないです。そんなに悪い人じゃないから」

「そんなに悪い人ではない」――、そのことを夢ちゃんはよくわかっている。だから、夢ちゃんは引き裂かれる。

「『最低であってくれたら、よかったのに』って、すごく思う時があります。最低だったら、殺してもいいいと思うし、早く死ねよ、くらいに思っとけるから」

そうではない人だから、簡単に突き離せない。

沙織さんは別人になり荒れ狂った翌日、夢ちゃんに謝ってくることがあるという。もちろん、それは記憶に残っていた時に限るのだが。

「ごめん、夢ちゃん。昨日はちょっと言いすぎた」

そんな時、夢ちゃんは決して沙織さんを追い詰めない。「うん、いいよ、いいよ」と笑顔でうなずく。

「やったことを少し覚えている時は、ママはこんなふうに謝ってきて、私は『いいよ』って言うんですけど、その時のママが、すごく悲しそうなんです」

沙織さんは、そんなに悲しそうな顔をするのか。夢ちゃんの「いいよ」の優しさに、自分が娘にひどいことを言ってしまったという事実を知らされるからなのだろうか。でもそれは全て、沙織さんが意図したことではないわけだ。知らない人が勝手にやっているだけのことなのに、それは他ならぬ自分がしている行為という事実。娘を罵ったり、怒りに任せてものを投げたりしたという、その事実と冷静に向き合った先に生まれてくるのは、悲しみなのか。それは、どれほど深い悲しみなのだろう。

悲しい顔をするママが、主人格であることを夢ちゃんはわかっている。それは、私がいつも会っている沙織さんだ。どうしてここまで人のことを思いやることができるのか、こんなに優しい人には会ったことがないとしか思えない人だ。

だから、夢ちゃんはこう決めた。

「縁を切るとか、そういうのは絶対にしたくなくて。素敵だなって思う部分のさおちゃんを真似っこして、そう思う部分のママと関わっていくというぐらいの距離感。それが一番、悪影響がなく、ちょうどいいと思っていて。ママが変わるというのはもう期待せずに、あわよくば、くらいに思って、私は私の人生を好きに生きていきたいから」

夢ちゃんの言う「切り分け」で、夢ちゃんは夢ちゃん自身の人生を歩いてほしい。改めてつくづく、頭のいい子だと思う。自分で考え、きちんと判断ができるのだから。でも一方で、危うさも、夢ちゃんには感じざるを得ない。

「私みたいな人間は、世界に一人でいい」

ホルモン屋での母と娘の話題はもっぱら、夢ちゃんの付き合いはじめた彼氏の話だった。伊藤健太郎に似た、イケメンらしい。夢ちゃんは「顔が好き」と、かなり好みのタイプだとうれしそうに話す。

私も親子の会話に混じったが、彼の話を聞く限り、非常に不安定で、明らかにモラハラ的な臭いがする。でも、夢ちゃんはそれでいいと言う。

「普通に、彼、闇を抱えてる。でも、DVがあっても、私、全然、嫌じゃない。殴りたいって言われれば、『全然、いいよ』って言っちゃうし、『理由があるんでしょ、私が悪いから』って思っちゃう。なんか、そういう人に惹かれちゃう。『一緒に落ちるところまで、落ちよっ！』っていう感じかな。殴るなんて、そんなの、家庭にザラにあるって思っているんです。それが、私のベースになっている。『夢ちゃん、それは違うよ』って友達に言われても、19年間のベースには敵わない。それが幸せかどうか、わかんないけど。まあ、幸せが何かも、私、わかんないんですけど」

カウンターの横に座り、何度も、「それは明らかにモラハラで、DV男と付き合うのは良くない」と、私自身の過去の例も引き合いに出して説得を試みたが、夢ちゃんには通じない。DVだとわかっても、それでいいし、わかっていて、引き受けるのだと。

「友達に、『夢ちゃんって、変な人に惹かれるよね。落としちゃいけない部分が欠落している人』って言われたんですが、いろいろ問題がある人だと、ほっとけないと思っちゃうんです。『この人、面倒くさい』とか、思えない」

彼は、東京在住の大学生。遠距離が耐え難いと、夢ちゃんは東京に出てバイトをして、一緒に暮らすことを考えており、この計画性と展望のなさが、沙織さんの新たな悩みの火種にもなっている。

彼との生活を考えながらも、今も家庭を築けないし、子どもは産めないという、夢ちゃんの思いに変わりはない。

「私、なんか、さおちゃんに似てる部分があって、うまく説明できないんですけど、私も家庭を築けないって思います。多分、無理。子どもなんて、子育ての見本がまずないし、だって、産んだとしても、私みたいな子が育つとするじゃないですか。私みたいな人間は、世界に一人でいいんです。さおちゃんっていう、似たような人間も、もう一人いるわけでしょ。この時点でもう、世界が普通に壊れちゃいますから」

今も睡眠導入剤を使わないと眠ることが難しく、「痩せなきゃ」と食べ吐きをし、どうしても脂肪吸引や整形をしたくなる。痩せる必要がどこにもないほど華奢で、アイドル並みの可愛らしさなのに、どうして、このような強迫症的な衝動が生まれるのだろう。夢ちゃんの不安定さは、愛着という心の〝安全基地〟を育むことができず、どっしりとした土台をもらうことなく生きてきたことにあるのだろう。そのことを夢ちゃんはちゃんと自覚している。「私みたいな人間は、一人でいい」――。お願いだから、そんな言葉を吐かないでほしい。そのためには、一体、何が必要なのだろう。

インナーチャイルドセミナー

沙織さんは10か月ほど前から、インナーチャイルドセミナーを始めた。リモートで定期的にセラピーを受け、まだ何かストンと腑に落ちるものは感じられてはいないものの、そこに何か希望を見出したいと考えている。

沙織さんが受けているセラピストによれば、「インナーチャイルド」とは、「無意識の領域に記憶されている、受胎時から子ども時代の感情・記憶・信念のエネルギーの全てで、身体感覚での記憶を伴う」ものだという。

インナーチャイルドとは本来、パワフルで優しさや喜びに溢れている存在であるはずのもの。それが、何らかの要因で傷ついて抑圧されている状態に気づき、そこに働きかけることで、癒していくものがインナーチャイルドセミナーだと、沙織さんは理解している。

前作『誕生日を知らない女の子』の取材時に、沙織さんは心療内科でトラウマ治療を受けた。それは、医師に促され、「安心できる場所」を思い浮かべようとした瞬間、12歳当時のレイプ体験がフラッシュバックしてきたという苛酷なものとなった。青い海と白い砂浜を思い浮かべようとした瞬間、茶色に変わった。

「茶色は、ススキ。レイプされたあの時、サワサワとススキが風を切る音まで、鮮やかに甦った。安心できる場所なんてどこにもない」

このことで治療を中断したのだが、インナーチャイルドに働きかけるというセミナーは、それに近いもののように思われた。一定の距離を置いてトラウマとなった体験に近づき、誤った思い込みを変えていくのがトラウマ治療だと聞いている。

「セラピーの1回目の時、父親のことと継母のことを、セラピストさんに話したのですが、頭が割れそうに痛くなって、その時の怒りが出てきて、髪の毛が逆立つような感覚になりました、未だに私、父親と継母には怒っているんだなーって改めて思いました」

最近のセラピーは、こんな流れだった。


「頭に浮かんだ自分は、何歳ぐらいですか？」

「5歳か、6歳の自分が出てきました」

「その子に近寄れますか？　どんな表情していますか？　笑っていますか？」

セラピストに導かれるまま、イメージしていった。

「お布団に座っている自分がいます。誰も私のことを気にしてないから、起こしに来なくて、ずっと布団の上にいます。本当はその日、お正月のどんど焼きがあって行きたいんだけれど、誰も私を誘いに来ない。友達はみんな、家族で行くから。おばあちゃんから『子どもははしゃいで行くのに、ほんと、子どもらしくない』って言われました」

「本当は、沙織ちゃんはどうしたかったの？」

「『一緒に行こう。行くよ』って声をかけられたら、行きたかった。布団が冷たくて臭くて、ただ、ぼーっとしている」

「じゃあ、大人の沙織さんが声をかけるとしたら、なんと声をかけますか？」

「一緒に行こうって、声をかけます」

「その子は、何が欲しいって言っていますか？」

「何も要らない、欲しいものはないって言っています」

「じゃあ、小さな沙織ちゃんにどうしてあげたいと思いますか？」

「めちゃくちゃ可愛いワンピースを着せてあげたい。髪の毛もちゃんとカットしてあげて、サイズの合った靴を履かせたい。そして、一緒に行こうって手をつないで、お布団から連れ出します」


このように少しずつ、過去の自分に働きかけ、「もう、大丈夫」と言い聞かせていくことで、傷ついた子どもを癒していく。この積み重ねをセラピストの導きで今、沙織さんは行なっている。

「サイズの合った靴」、「髪の毛をカット」――、それは幼い頃、沙織さんがしてほしかったことだ。そんな当たり前のことすら、何もしてもらえなかった。冷たくて臭い布団も、一日中、ずっと布団の上で過ごすしかなかった日々も――。小さい沙織ちゃんは、「私を起こしに来て。優しくして。抱きしめて。甘えさせて」と今もまだ、涙を流し続けている。本当なら泣きたかったのに、「泣く」という感情もどこかに置いてくるほど放置され、顧みられることのなかった幼少期だった。

沙織さんはまだ、インナーチャイルドセミナーに確たるものを掴んだ実感は持ててはいない。だが、成長を感じたことがあった。それが、客観視だと言う。

「小さな自分が出てきて、『その子に、お母さんだったら、何と話しかけますか』と言葉を引き出させてもらうんですけど、すんなり、その子のお母さんになってあげられたんです。私の子どもと思って。あっ、そうか、これが客観視なのかって、そう思えたんです。それまで言葉は聞いたことがあっても、そういうふうに自分を見るとか、世界を見るとか、知らなかったんです。その時に、客観視を取り込めたと思いました。そう思えたら、子どもに咄嗟に喜怒哀楽をぶつけなくなりました。負の感情を、あまり出さなくなった気がするんです。それまで怒りっぽかったし、文句ばっかり、子どもに言っていたんですけど」

初めての「発見」

客観視――、沙織さんには初めての「発見」であり、体験だった。

「それで、愚痴は言わなくなりました。愚痴というのは言う必要がないってわかったんです。愚痴っているのは、キャパオーバーしているからであって、そうしないようにすればいいんだってわかって、そうすれば怒ることもないだろうって思ったんです」

夢ちゃんが感じていた、沙織さんの「溜め」のなさ。全て直情的に行動し、今、思ったことを脈絡なく喋り、これが今、必要かどうかを考えない。夢ちゃんが見抜いていた、沙織さんのこうした傾向は、まさに客観性のなさの表れだったのだ。沙織さんは自ら、そうした自分に気づいたわけだ。

沙織さんは、自ら変わろうともがいている。インナーチャイルドセミナーで、何か少しでもいいから、幼い自分を慰められる光が見えることを祈っている。それにしても、どれだけたくさんの、傷ついた〝沙織ちゃん〟が、沙織さんの内奥で血の涙を流しているのだろう。

「なんで、生きているんだろうっていうのは、ずっと漠然と思っています。こう思っていること自体、子どもたちには本当に申し訳ないんですけど。何のために生まれてきたか、私の使命とか、答えが出てくる時がありますって、セラピストさんに言われていますが、それって、どうなんだろうって疑問に思いますね」

生きることへの虚無は、沙織さんからどうしても離れない。「普通に、穏便に暮らしたいだけなのに」と呻くように言葉を吐き、沙織さんはさめざめと泣いた。インナーチャイルドを癒すことができれば、それは変わるのだろうか。12年前の取材から、この思いはずっと沙織さんの底流に流れ続けている。年に数回、会いにいくだけの私には何もできない。無力感に苛《さいな》まれるが、微力であっても、それでも声をかけ続けたい。大切な人であるわけだから。夢ちゃんにとっても、海くんにとっても、そして、私にとっても。

〝ブラックな沙織〟というが、これほど人を思いやる心を持てる人を私は他に知らない。沙織さんは私がシングルマザーで、生活が決して楽ではないことを知っている。自分が満身創痍であるにもかかわらず、いつも会うたびに、私の暮らしを気にかけ、気遣い、優しく声をかけてくれる。LINEでもそうだ。その何気ない言葉や行動に、私は何度、慰められ、助けられてきたことだろう。ここまで他人を気遣い、思いやれる人に私は会ったことがない。

母と娘。それぞれの覚悟

沙織さんのLINEは今、夢ちゃんへの止まらない愚痴で溢れている。決めたルールを守らない、金遣いが荒い、送り迎えで振り回す、そして止まらないお金の要求……。遠距離の彼のため、頻繁に東京往復を繰り返し、急な予定変更もしょっちゅうだ。

タトゥー、整形、脂肪吸引……、それらは全て、金銭的に沙織さんを当てにしないと、実現できないものばかりだ。「自立してから」、「20歳になってから」、いろいろな提案をしても、夢ちゃんはどうしても全ての「優先度を下げられない」。

このやりとりが、どんどん、沙織さんを疲弊させていることが手に取るようにわかる。

「ようやく、夢ちゃんを諦める時が来ました。可能な範囲でサポートします。ルールを身につけさせることは無理です。彼女が生きやすく、生きていく、それのみです。自分が生きていく術を考えてくれたらそれでいいです」

「諦める」と、沙織さんは書いているが、「可能な範囲でのサポートをする」という沙織さんは、娘を手放してなどいないし、それはある意味、娘とうまく距離を取る道を選んだということだ。自立への道はまだどこにも見えない夢ちゃんだが、もうそろそろ、沙織さんは母親の役割から少しずつ、身を引いていい時期に来たのだと思う。

夢ちゃんは「切り分け」という言葉を使い、沙織さんは「諦め」と言うが、母と娘、それぞれが、お互いに適切な距離を取ろうと考え始めている。以前、感じた「共依存」とは、別の道に進もうとしているように私には思える。

「母を捨てない」道を選び、そのために距離を取ることを選択した夢ちゃんと、「可能な範囲」という線引きで娘を見守ることにした沙織さんと、母と娘それぞれが、自分の領域を守りつつ、お互いの関係性を構築して生きることに決めたのだ。

育ててもらえなかった子どもだった母と、いくつもの人格を持つ母のもとで育った娘。まだまだ混乱と憤りとわかりあえなさと、数え切れない爆弾を抱えている母と娘だが、それでも、二人は生きていくことにした。たとえ、それが積極的な思いとは程遠くとも。

本書はひとえに、沙織さんと夢ちゃんの覚悟で成り立っている。その覚悟の強さに、私は応えることができたのか。それは、読んでくださった方に委ねたい。

「毒母」に苦しむ女性の声を、多く聞く。私自身もそうだった。「8050問題」では、毒母に潰されたとしか言いようがない男性の姿が多くあった。私は、「母を捨てる道」を選んだが、その選択に後悔はない。私は基本、子どもは親を捨ててもいいと思っている。酷い扱いや行為を親から受けたのなら、「親だから」、「親も大変だったから」などの理由を見つけて、虐待者である親を許す必要は全くないと思っている。

沙織さんは虐待の被害者であり、大人になり加害者になった。母親の人格がコロコロ変わる不安定な環境で生きざるを得なかった夢ちゃんは、れっきとした被虐待児だ。2人を見ていると、被害—加害という一つの角度だけで関係性は測れないことを思う。

夢ちゃんは「素敵なママ」を知っているからこそ、そのママと生きることに決めた。沙織さんは育てにくさを感じながらも、夢ちゃんのためにこれまでずっと心を砕き、お金も惜しみなく使い、側に居続け、そして今は緩やかに見守ることにした。

適切な距離感を見つけることができれば、良好とまではいかなくとも、お互いを苦しめることのない、母と娘の関係性を生きることができる道があることを、私は2人から学んだ。

望むことは、ただ一つ。2人の覚悟を賭けたこの本が、2人にとって、新たな関係へのいい橋渡し役になってくれること。そのことを願ってやまない。

沙織さんと夢ちゃんに、心からの感謝を込めて本書を終えたい。

2024年12月

黒川祥子

本書は、書き下ろしです。

黒川祥子《くろかわ・しょうこ》
福島県生まれ。ノンフィクション作家。東京女子大学文理学部卒業後、弁護士秘書、ヤクルトレディ、業界紙記者などを経てフリーランスとなり、社会課題や家族の問題を中心に執筆活動を行っている。
2013年、『誕生日を知らない女の子　虐待――その後の子どもたち』で第11回開高健ノンフィクション賞受賞。
著書に『県立！再チャレンジ高校』（講談社現代新書）、『心の除染』『8050問題』（集英社文庫）、『シングルマザー、その後』（集英社新書）など多数。

母《はは》と娘《むすめ》。それでも生《い》きることにした

二〇二五年二月二八日　第一刷発行

著者　黒《くろ》川《かわ》祥《しょう》子《こ》

発行者　岩瀬 朗

発行所　株式会社 集英社インターナショナル
〒一〇一-〇〇六四 東京都千代田区神田猿楽町 一-五-一八
電話　〇三-五二一一-二六三二

発売所　株式会社 集英社
〒一〇一-八〇五〇 東京都千代田区一ツ橋二-五-一〇
電話　〇三-三二三〇-六〇八〇(読者係)
〇三-三二三〇-六三九三(販売部・書店専用)

印刷所　大日本印刷株式会社

製本所　株式会社ブックアート

定価はカバーに表示してあります。

 ISBN 978-4-7976-7457-6 C0095